U0660180

本书系 2021 年江西省高校人文社会科学研究项目
“融媒体环境下大学生非正式学习行为研究”（课题批准号：JY21112）成果

教育技术前沿发展研究

袁玖根◎著

图书在版编目（CIP）数据

教育技术前沿发展研究 / 袁玖根著 .-- 南昌：江西人民出版社，2023.12

ISBN 978-7-210-14341-3

Ⅰ.①教… Ⅱ.①袁… Ⅲ.①教育技术学—研究 Ⅳ.① G40-057

中国版本图书馆 CIP 数据核字（2022）第 239855 号

教育技术前沿发展研究
JIAOYU JISHU QIANYAN FAZHAN YANJIU
袁玖根　著

责任编辑：饶　芬
封面设计：同异文化传媒

江西人民出版社 Jiangxi People's Publishing House 全国百佳出版社 出版发行

地　　址：江西省南昌市三经路 47 号附 1 号（330006）
网　　址：www.jxpph.com
电子信箱：jxpph@tom.com
编辑部电话：0791-86898683
发行部电话：0791-86898815
承 印 厂：北京虎彩文化传播有限公司
经　　销：各地新华书店

开　　本：787 毫米 ×1092 毫米　1/16
印　　张：13
字　　数：180 千字
版　　次：2023 年 12 月第 1 版
印　　次：2023 年 12 月第 1 次印刷
书　　号：ISBN 978-7-210-14341-3
定　　价：60.00 元
赣版权登字 -01-2023-537

前 言

伴随着信息技术的高速发展，当今世界各行各业与信息技术结合得越来越紧密，教育领域也一样，各种新兴技术在教育中的应用推陈出新，令人目不暇接。面对新技术革命，教育改革势在必行，尽管世界各国教育改革的重点不同，但都把实现教育方法和教学手段的现代化作为教育改革的主要目标之一，都在努力构建网络化、数字化、个性化、终身化的教育体系，建设“人人皆学、处处能学、时时可学”的学习型社会。

21 世纪是知识经济时代，与知识经济相适应的社会是学习型社会。教育技术是构建学习型社会的重要途径和手段，它与深化教育改革、促进素质教育、推动教育信息化、培养创新人才、构建终身教育体系等密切相关。因此，学习、掌握和运用教育技术，对于每个社会成员尤其是教育工作者都十分重要。本书是在吸收当代国内外教育技术理论研究成果、总结我国教育技术实践经验的基础上，坚持理论与实践相结合，总结本人在教育技术领域多年来的研究成果写作而成的。

本书从阐述教育技术的基本概念、理论基础入手，重点分析了教育技术对基础教育改革的影响；进而研究教育技术前沿下的学习模式和教学方式，特别是各类教育技术手段的应用；重点研究了新兴技术在教育改革中的运用，包括虚拟现实技术与情景教学、教育游戏与游戏化教学、大数据与学习分析、物联网与云计算、人工智能以及 STEAM 教育等教育技术前沿相关技术的运用。

本书通俗易懂，注重理论联系实际，内容新、结构新，既有前瞻性，又有实用性，适用于教育技术相关学者、研究人员，也可供各类学校教育相关领域的研究者、各级教育技术机构（电大、电教馆、电教中心等）的管理和技术人员参考。

目　录

第一章 教育技术概述

第二章 教育技术前沿下的学

第三章 教育技术前沿下的教

第四章

信息化教学设计

第五章

技术促进教学改革

第六章

教育技术与人工智能

第七章

STEAM教育

第一章
教育技术概述

随着信息技术在教育领域的广泛应用，了解最新教育技术理念，掌握现代教育技术，运用信息技术改善教学与学习效能，成为每一位教育者专业能力的必备要素。随着现代教育科学和教育技术的不断发展，人们对教育技术的理念、认识不断深入，其理论和方法也在不断发展和完善。

第一节 教育技术的基本概念

教育技术是为适应现代教育发展而设置的一门新兴学科，是教育科学与声光电技术、多媒体技术及网络技术的有机结合。

一、技术与教育技术

1. 技术

在我们的日常生活中，谈到技术，首先想到的是各种硬件技术，因为它们代表着社会的发展和科技的进步，与我们的生活密切相关。但是技术不仅仅局限于硬件，为了准确理解教育技术的定义，我们必须首先搞清楚技术的真正内涵。

技术的英文 technology 源于希腊语，词根“techne”在希腊语中代表的是“艺术和手工技巧”，因此“technology”即是对这些技巧的论述。随着社会的发展，技术所涉及的领域越来越广泛，从而导致对技术理解和描述的多样性。在各种定义中，通过比较我们认为对技术比较准确的理解为：

技术是指人类在生产活动、社会发展和科学实验过程中，为了达到预期目的，根据客观规律对自然、社会进行认识、调控和改造的物质工具、方法技能和知识经验等的综合体。它可分为有形技术与无形技术。

有形技术指具有一定实物形态的各种技术。如各种生产、工艺的技术装备（或生产线）、成套设备、生产工具以及其他物质设施等。

无形技术指不具有实物形态，却对生产发展起重要作用的技术。如各种专有技术，专利、图纸、资料、信息等技术秘密，经营技术、管理技术以及组织协调生产的手段和方法。

准确地理解技术的内涵是正确把握与应用技术的前提。技术包括有形的物化技术和无形的智能技术，因此教育技术也包含这两个方面，它们互相促进、缺一不可。此外，技术在教育领域的应用，不可盲目效仿或只凭经验，必须根据教师与学生的具体特征，通过分析，有目的性、针对性和情景性地加以运用。

2. 教育技术

随着现代科学技术的迅猛发展，新的教育技术层出不穷，互联网技术的广泛应用所带来的信息化革命，促进了教育技术的深度变革，教育技术日益显示出强大的生命力。自从20世纪70年代“教育技术”这一术语首次被提出以来，学者们已给出多个不同的定义，但至今尚未达成一致。

总体来说，教育技术主要有以下几个代表性的定义：

（1）教育技术的概念有广义和狭义之分。

广义的教育技术就是“教育中的技术”。根据顾明远先生主编的《教育大辞典》中的定义，教育技术是人类在教育活动中所采用的一切技术手段和方法的总和。教育技术分为物化形态（有形）和智能形态（无形）两大类。

物化形态是指凝固和体现在有形物体中的科学知识，它包括从黑板、粉笔等传统的教具到计算机、人造地球卫星等一切可用于教育的器材、设施、设备以及相应的软件等；智能形态是指那些以抽象形式表现出来，以功能形式作用于教育实践的科学知识，如学习模式等。

狭义的教育技术指的是在解决教育、教学问题中所运用的媒体技术和系统技术。

（2）AECT '94 定义。

1994 年，美国教育传播与技术协会（Association for Educational Communication and Technology，简称 AECT）出版了西尔斯（Seels）与里奇（Richey）合写的专著《教学技术：领域的定义和范畴》，书中提出了教育技术的定义。该定义是在 AECT 主持下，美国众多教育技术专家参与制定，由 AECT 正式批准使用的，它在一定程度上反映了美国和国际教育技术界的看法。

教育技术的 AECT '94 定义是："Instructional Technology is the theory and practice of design，development，utilization，management，and evaluation of processes and resources for learning." 译为："教育技术是关于学习过程及学习资源的设计、开发、利用、管理和评价的理论与实践。"

定义中的设计、开发、利用、管理与评价的内容如图 1-1 所示。

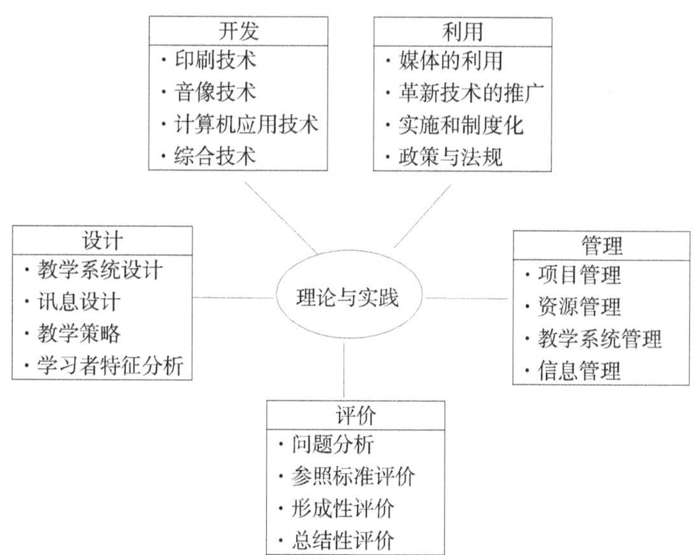

图 1-1　教育技术的 AECT '94 定义

① 设计：教学系统设计、讯息设计、教学策略、学习者特征分析。

强调要在充分分析学习者特征的基础上确定具体的教学目标，进行教学内容、教学策略和教学系统的设计，找到学习者的学习起点，合理选择教学媒体、反馈方式，创造最优化的教学模式，以期每个学生都能成为成功的学习者。

② 开发：印刷技术、音像技术、计算机应用技术、综合技术。

指对新技术，包括印刷技术、音像技术、计算机应用技术、各种技术的综合集成等，应用于教育教学过程的开发研究。也可以说，开发是对教学设计结果的物化或产品化，是教学设计思想的具体应用。开发领域可以是一节课、一个新的改进措施，也可以是一个大的系统工程的总体规划和实施。

③ 利用:媒体的利用、革新技术的推广、实施和制度化、政策与法规。

强调对新兴技术、各相关学科的最新研究成果和各种信息资源的利用和传播，并注意加以制度化、法规化，支持教育技术不断革新。

④ 管理：项目管理、资源管理、教学系统管理、信息管理。

指对所有学习资源和学习全过程进行计划、组织、指挥、协调和控制，具体包括教学系统管理、教育信息资源管理、教学开发项目管理等。科学的管理是教育技术的实施以及教育过程、教育效果最优化的保证。

⑤ 评价：问题分析、参照标准评价、形成性评价、总结性评价。

强调科学的测量和评价方法，注重形成性评价，并以此作为质量监控和不断优化教学系统与教学过程的主要措施。其中，要重视以事先确定的行为目标为参照标准的评价方法，向学习者本人提供有关学习进步的情况，以便及时调整学习步伐，直至取得成功。

从 AECT ’94 定义可以看出，教育技术的目的是促进学习，研究对象是教与学的过程与资源，研究的范畴是设计、开发、利用、管理和评价，核心是教育的整体改革。我们可以这样来理解，教学设备属于学习资源，教育技术不只是设备的开发使用，设备是建设的基础，如何利用设备为教育教学服务才是关键。教育技术是高等教育发展动力的重要组成部分，应用新的教学设备，创造新的教学模式，取得最佳的教学成果，是教育技术人追求的目标。教育技术是一个综合的概念，是由硬件（设备）、软件（课件）和组织（人）构成的。有了设备，就需要大量的软件（课件），而课件的制作要有明确的设计思想，不能是课本内容的简单搬家。新的课件要体现开放性、智力性、工具性、资料性。硬件、软件的正常运转，需要组织的保证，设备无论怎样先进，缺少配套都是发挥不了作用的。

多年来，教育技术的 AECT '94 定义被我国的许多教科书所引用，在较大程度上影响了我国教育技术学科理论与实践的发展。

（3）AECT '05 定义。

2004 年，AECT 在总结近十年来教育技术的发展状况后，提出了教育技术的新定义。这个新定义是在听取了众多专家的意见后，经过有目的的修改集中而形成的，于 2005 年正式发布，故又称为 AECT '05 定义。

教育技术的 AECT '05 定义是："Educational Technology is the study and ethical practice of facilitating learning and improving performance by creating, using, and managing appropriate technological processes and resources." 译为："教育技术是通过创造、使用和管理适当的技术过程和资源，以促进学习和改善绩效的研究和符合道德规范的实践。"

AECT '05 定义将 AECT '94 定义中的五大范畴（设计、开发、利用、管理和评价）整合为三大范畴（创造、使用、管理），这三大范畴形成一个统一的、互相衔接的整体，而评价贯穿于整个过程中。

AECT '05 定义中的创造代替了设计、开发。创造包括一系列有目的的活动，用来设计、开发有效学习必需的材料、扩展资源和支持条件，也包括了设计、开发。创造是一种比设计、开发要求更高且具创新含义的过程，更能表达 21 世纪人们对教育技术发展的要求。定义中在 practice 前加了限定词 ethical，强调实践应该合乎道德规范，这一限定词第一次出现在定义中，说明人们开始反思教育技术中的规范性问题，反思教育技术的应用是否对社会有价值和特殊贡献。另外定义中还增加了提高学习绩效（improving performance）这一目的。学习绩效的提法强调了学习的含义，不单指获取知识，更强调注重培养和提高能力。对学习绩效的关注也使得教育技术更加关注现实世界，更加关注人的发展。

（4）AECT2017 定义。

AECT2017 定义是美国教育传播与技术协会发布的新的教育技术定义。其定义为：教育技术是对理论和最佳实践的研究和道德应用，目的是通过战略设计、管理和实施学习与教学过程等来提高知识以及调节和改善学习与绩效。

在 2017 年的定义中，除了继续关注学习者、强调“mediate and improve learning performance”外，还加入了“advance knowledge”。knowledge 不仅仅指学习者所获得的知识，也包括教学设计人员、教师、培训师以及研究人员对于教育技术的更多认识和理解。2017 年的定义不仅关注学习者的学习效果，也关注教学设计者和施教者的知识迭代及技能更新。

3. 现代教育技术

20 世纪 90 年代以后，“现代教育技术”这一术语开始逐渐被人们所了解和使用，与“教育技术”相比，前者突出和强调了以多媒体和网络技术为核心。现代教育技术与一般意义的教育技术相比并没有本质的区别，突出“现代”二字是为了更多地注意探索那些与现代科学技术有关的课题，吸收现代科技成果和系统思维方法，使教育技术更具有时代的特色。

国内学者对于“现代教育技术”较有代表性的解释是：

（1）现代教育技术是把现代教育理论应用于教育 / 教学实践的手段和方法的体系。包括以下几个方面：①教育 / 教学中应用的现代化技术手段，即现代教育媒体；②运用现代教育媒体进行教育 / 教学活动的方法，即媒体教学法；③优化教育 / 教学过程的系统方法，即教学设计（南国农，1998）。

（2）现代教育技术是以计算机为核心的信息技术在教育、教学中的运用（何克抗，1999）。

（3）现代教育技术是指运用现代教育理论和现代信息技术，通过对教与学过程和资源的设计、开发、应用、管理和评价，以实现教学优化的理论与实践（李克东，1999）。

随着信息技术的发展，目前人们逐渐习惯于使用“现代教育技术”概念，这也使得教育技术带有更加强烈的现代化、信息化色彩。

二、教育技术的研究内容

1. 开发和使用各种学习资源

学习资源就是学习者能够与之发生有意义联系的资料、人和物。我们可以把学习资源分为教学材料、支持系统和学习环境。教学材料是学习者学习过程直接作用的客体，具体指符合一定教学目标和教学要求的经筛选可用于教学、促进学习的一切信息及其组织。支持系统主要指支持学习者有效学习的内部和外部条件，包括学习能量的支持、设备的支持、信息的支持、人员的支持等。学习环境不仅指教学过程发生的地点，更重要的是指学习者与教学材料、支持系统之间在进行交流的过程中形成的氛围，其最主要的特征在于交互方式以及由此带来的交流效果。我们还可以按目的进行划分，例如：有些资源是专门为学习目的而设计的，如教室、教学课件、实验仪器、图书馆等;有些资源是为其他目的所设计，而能为学习者所利用的，如画展、名著、影片、博物馆等。

2. 用系统方法设计和组织教学过程

学习资源能否被有效地综合利用，是其能否促进教学的关键。因此，教育技术的重心不能仅仅局限于对学习资源的研究，关注教 / 学系统的各个组成部分的联系及其整体组织是教育技术的另一个重要本质。

系统方法主张把事物、对象看作一个系统进行整体研究，研究它的成分、结构和功能的相互关系，通过信息的传递和反馈来实现系统之间的联系，达到有目的地控制系统的发展，获得最优化效果的目标。教育技术中的系统方法是一个计划、开发和实施教育的自我纠正的、有逻辑的过程。其具体步骤为：阐释和分解既定的教育目标—分析满足目标所需要的教育任务和内容—制定教育策略—安排教育顺序—选择教育媒体—开发和确定必要的学习资源—评价教育策略和学习资源的效果—修改策略和资源直到有效。

系统方法已成为教育技术内涵的核心。在教育技术中，用系统方法设计和组织教育过程与开发使用各种学习资源的目的，都是追求教育活动的最优化。

3. 实现教学效果的优化

教育技术的根本目的是发现并实践能够达到最优化教学效果的具体操作，而教学效果是在有效控制的作用下取得的，所以要实现教学效果的最优化，就要实现对教学活动的最优控制。达到最优化教育效果的具体操作主要包括以下几个方面：

（1）选择和排列最优的教学目标。

教学目标应与学生的具体特征相匹配，因此选择合适的教学目标，并进行最优化的排列对取得好的教学效果是十分关键的。研究内容包括教育目标具体的从属目标的系列及其幅度，从属目标的数量和排列方法等。

（2）选择和使用最优教育效果的测量工具。

在实施某种教育影响之前，学生处于怎样的状态，在这种教育影响之后，又变成了怎样的状态，都必须予以明确。为此，需要确定衡量教育效果的测量工具，并用同一尺度衡量教学活动前后的学习水平。

（3）选择和采用最优的教学活动。

选择最优的教学活动，将有助于学生顺利地从教学前的水平和能力，提高到实现教育目标时的水平和能力。

（4）选择最优的环境条件。

环境条件包括与学习资源和学习情景有关的人、集体、自然环境和社区环境等。只有凭借最优的环境条件，才能达到最优的教育效果。

三、教育技术的主要应用领域

教育技术的应用改变了课堂教学的固有模式，在当今传统教育媒体的常规模式基础上，基于多媒体计算机的“多媒体模式”和基于互联网的“网络模式”发展迅速，基于计算机仿真技术的“虚拟现实模式”也会有广阔的发展前景。

1. 课堂教学领域

（1）多媒体辅助教学。

课堂教学是学校教育工作的主战场，是提高教育质量的关键。随着多媒体技术的迅速发展并应用于传统的学校，教育领域就产生了课堂教育技术系统。这是计算机技术应用于教学领域中最早的、最基本的形式，也是教育技术发展的初始阶段。

兴趣是最好的老师，一堂成功的教学课，学生的学习兴趣一定很高，多媒体教学是传统教学的好帮手。多媒体课件中的精美图片、生动形象和不断变换的画面、内容丰富且声情并茂的音像资料等，都有助于吸引学生的注意力，使学生产生兴奋、愉悦的感受，激发他们的学习兴趣，调动他们的学习积极性。这样学生学习起来轻松愉快，理解透彻，印象深刻，从而由“苦学”变为了“乐学”。

（2）多媒体网络教学。

以多媒体网络教室和校园网为主要特征的教学形式，是教育技术发展的一个中间层次，也是当前国内乃至世界教育领域发展与建设的主流。在这一阶段，除了校园网络和多媒体教室的硬件设备之外，一个关键因素是教学软件系统，它是多媒体网络教学的灵魂。这一阶段的教学软件已经发生了质的飞跃，具有全面系统性、网络交互性、自学检测性，在课堂教学中担当着必不可少的重要角色，使传统的“教师讲、学生听”的“满堂灌”教学模式发生了根本性变革。学生真正成了学习过程中的主体，他们可以在教师的指导下，自己选择学习方式、学习内容、学习进度；学生可以随时通过网络向教师提问，教师可以通过网络实施集体、分组、个体化教学；学生间也可以相互访问，相互探讨、交流与合作。可以看见，教育技术在这一阶段的应用与发展，已经从根本上改变了传统的教学思想、教学观念、教学方式和方法，需要人们去适应并推进这一过程的深化，并在此基础上去探究新的教学思想、教学目标和教育理论。

2. 远程教育领域

远程教育作为教育技术的重要组成部分，从 20 世纪 80 年代以来得到迅速发展。世界上已经有许多大学可以实现远程教学，我国的广播电视大学也属于这一类，而且是世界上规模最大的。在远程教育中，技术更像是教师的替代物，而不像课堂教学中那样仅是作为一种补充。

远程教育是为了弥补常规学校教育的不足而引入的一种教育形式，随着社会和技术的发展，远程教育的性质和特点都发生了重大转变。从远程教育的目的来看，它不仅是一种获得国民教育证书的途径，更是一种促进终身学习和专业发展的手段；从远程教育的服务对象来看，不再局限于成人，已经扩展到了中小学生；从远程教育的技术基础来看，它正在逐步从以模拟信号为基础的广播电视技术转向以计算机和网络为核心的数字化技术，从而出现了“现代远程教育”。现代远程教育不仅对高等教育产生了极大的影响，也深刻影响了基础教育教学工作。

3. 企业培训领域

与学校教育及远程教育中教育技术的运用有所不同，企业培训主要关心企业员工的工作业绩，具有更具体的目标指向性，更关注受训者在特定领域中绩效水平的提升，是人力资源开发的一种具体途径。随着社会的发展和全球化趋势日益明显，企业的发展越来越依赖于员工的素质，企业的培训需求日益增长。很多企业，尤其是大型企业已经意识到并在积极开展各种层次的员工培训。企业培训大量运用教育技术手段，让受培训的员工立足本职岗位，以最经济、最有效的手段去掌握有用的、可用于完成实际任务的各种知识和技能。教育技术为企业培训提供了丰富的资源，能够促使培训更有效率，培训内容更加丰富多样，使受训者的学习方式、思维方式得以改善，从而促使企业提高绩效。

企业培训的最终目的是提高绩效。最初，人们认为企业效益不好，是因为员工技能不够，所以把企业培训作为解决企业效益问题的“全能”方法。然而对培训效果的研究发现，培训并不是解决企业效益问题的“全能”方法，它不能解决诸如员工的动机、企业组织的变化等影响企业效益的重要问题。人们逐渐认识到，“绩效”才是真正的关键所在。如何根据企业“绩效”问题的实际情境，建立并选择包括“培训”在内的解决方案，就形成了“绩效技术”。

绩效技术是一个对项目进行选择、分析、设计、开发、实施和评价的过程，它的目的在于以最经济的成本效益影响人类的行为和成就。绩效技术既可用于个体、小型团体，又适用于大型组织机构。这种对问题的诊断、鉴别，以及发现或建立解决问题方案的过程和方法与教育技术解决教育问题的系统方法是一致的，因此，企业绩效技术成为教育技术的系统方法在企业、公司等非教育情景下的一个应用领域。不同的是，绩效技术要利用的知识除了与教和学相关的科学知识之外，还包括一些组织学、企业管理、知识管理、动机理论、企业文化、人力资源等与企业经营相关的理论。

4. 自主学习领域

教育技术总的目的是促进学生的学习。学生自主地、主动地学习是最有成效的学习方式。

教育技术为学生自主学习提供了方便、有利和有效的学习手段和学习条件。随着计算机、网络和现代通信技术在人们生活中的普遍运用，学生的信息能力和信息应用技能普遍提高，各类网络资源和各种教学软件铺天盖地涌现，学习者学习知识、训练技能、探讨问题、继续深造无须受时间和地域的限制，极大地满足了学习者的兴趣和需求。学习者可以自主地选择学习内容和把握学习进度，从而大大提高了学习的效率和效益。

作为教师，应充分利用信息技术手段，设计和开发各种教育软件，尽可能地为学生自主学习营造学习环境和提供学习条件。

四、相关概念及辨析

1. 教育技术与电化教育

“电化教育”一词在中国的正式使用始于1936年。当时的教育部举办电化教育人员训练班，由各地选派学员参加。之后各级教育行政部门也陆续使用“电化教育”一词。《中国大百科全书》对电化教育的定义是“利用幻灯、投影器、电影、无线电广播、电视、录音、录像、程序学习机和电子计算机等教学设备及相应的教材进行的教育活动”。在我国被广泛使用的电化教育定义是：“运用现代教育媒体，并与传统教育媒体恰当结合，传递教育信息，以实现教育最优化。”

1993年我国正式确定将“电化教育”专业更名为“教育技术学”专业，20世纪90年代以来，我国许多高校已相继将“电化教育中心”改为“教育技术中心”，“中国电化教育协会”也于2002年11月更名为“中国教育技术协会（China Association for Educational Technology）”。但是到目前为止，在我国专业机构、专业刊物的名称等方面，“电化教育”和“教育技术”两者仍然并存。

事实上，从概念的本质上看，“教育技术”与“电化教育”二者并无实质性的差异，它们的目的都是实现教与学的优化。

2. 从教育技术到教育技术学

“教育技术”和“教育技术学”是两个比较容易混淆的概念，事实上它们并不是一回事，就像符号和符号学、信息与信息学一样。

就发展的过程来看，教育技术是通过对教与学过程及相关资源的设计、开发、利用、管理和评价，实现教育教学优化的理论与实践；教育技术学是在教育技术发展到一定阶段后才形成的一个学科。现在，教育技术学作为教育学的二级学科，在本科和研究生人才培养的不同层面上都有着独特的专业培养规格、知识体系与课程体系。随着教育事业和学科建设的发展，我国已经建立了教育技术学专业的学士、硕士和博士培养机制。

需要指出的是，目前在许多场合，“教育技术”与“教育技术学”这两个术语都会用到，需要根据情境来区分它们。

第二节 教育技术的理论基础

教育技术的理论基础包括学习理论、教学理论、系统科学理论、教育传播理论和具身认知理论等。在教育技术的理论体系中，学习理论处于核心地位。学习包括知识、技能的学习和个性品质的形成，是教育心理学研究最多的问题。教育技术必须根据科学的学习理论进行学习过程和学习资源的设计、开发、利用、管理和评价，帮助学生进行更加有效的学习。纵观教育技术理论的发展，行为主义学习理论、社会学习理论、认知主义学习理论、备受瞩目的建构主义学习理论以及人本主义学习理论为其奠定了坚实的基础。

一、学习理论

学习是人类凭借经验产生的较为持久的行为变化。学习理论在教育技术理论体系中处于核心地位，是指导人类怎样学习的理论，旨在阐明人们行为变化怎样产生，并揭示学习过程依据心理、生理机制的规律而形成，是教育技术的理论基石。它对教育技术的产生、发展和应用具有重要的指导意义。目前,具有一定影响力的学习理论有行为主义学习理论、认知主义学习理论、人本主义学习理论及建构主义学习理论等。

1. 行为主义学习理论

（1）行为主义学习理论的基本观点。

行为主义在21世纪初兴起于美国。行为主义是一个总的名称，在其之下有很多不同观点的理论。在此主要探讨行为主义学派中三个对教育影响较大的理论，分别是华生的学习刺激—反应学说、桑代克的学习联结—试误说、斯金纳的操作性条件反射说。行为主义理论的共同之处是，将学习看作是刺激与反应之间建立起新联结的过程。但是对于刺激与反应之间的关系是如何建立的，过程中会受到哪些因素的影响，这几种理论的观点是有所不同的。

20 世纪初，美国心理学家华生在巴甫洛夫经典条件反射的基础上提出刺激—反应说，不但用来解释动物的学习行为，也用来解释人的学习行为，甚至扩展到揭示人性。他认为，人的一切行为，其构成的基本要素是反应，一切行为的表现只是多种反应的组合。在这些反应中，大部分是个体适应环境时产生的，与环境中的各种刺激发生关系。只要了解环境刺激与个体的关系，就可以设计并控制刺激，通过条件作用方法，产生所需要的反应，即人的学习是塑造行为的过程，环境决定了一个人的行为模式。

桑代克是第一个根据动物行为实验研究建立学习理论的教育心理学家。他认为学习是个体在刺激情景中表现反应时所产生的“刺激—反应”联结，个体所学到的就是一连串“刺激—反应”联结的组成，每一个联结都经历了“先是错误的反应多于正确的反应，而后逐渐正确反应多于错误反应，最后全部为正确反应”的过程。桑代克在实验过程中总结出了影响“刺激—反应”联结能否建立的三大原理，分别是准备律、练习律和效果律。

斯金纳是行为主义后期对学习心理学影响最大的心理学家，他继承了华生的强调科学、客观、控制、预测等行为主义心理学的传统，也采取根据动物实验建立“刺激—反应”联结学习理论的研究方法，并参照了桑代克的“试误”学习原理以及效果律等建立了独具特点的操作性条件反射学习理论，进一步将行为主义学习理论推向了高峰。此外，斯金纳提出了程序教学的概念，并且总结了一系列教学原则，如小步调教学原则、强化学习原则、及时反馈原则等，形成了程序教学理论。

（2）行为主义学习理论的影响。

行为主义学习理论在 20 世纪 50 年代至 70 年代曾经风行一时，它用“刺激—反应—强化”来解释学习的整个过程，认为学习的起因是对外部刺激的反应，学习与内部心理过程无关。这种观点把人类的学习过程归结为被动地接受外部刺激的过程，教师的任务只是向学习者传递知识，学习者的任务则是接受和消化相关知识。这种理论在许多技能性训练、作业操练、行为矫正中确实有明显的作用，对早期教育技术的产生和发展产生了很大的影响。但是，行为主义学习理论在研究中不考虑人们的意识问题，只是强调行为，把人的所有思维都看作是由“刺激—反应”联结形成的。这就引起了认知主义理论学派的不满，从而促进了认知主义学习理论的发展。

2. 认知主义学习理论

20 世纪 50 年代以后，布鲁纳、奥苏贝尔等一批认知心理学家进行了大量创造性的工作，学习理论的研究又进入了一个辉煌时期。

（1）布鲁纳的认知—发现说。

布鲁纳是美国当代认知学习理论的代表人物，他的理论又被称为发现学习理论。他认为学习的实质是主动形成认知结构，学习是学生主动通过感知、领会和推理，促进类目及其编码系统的形成，包括三个差不多同时发生的过程：获得、转化和评价。教学的主要目的在于让学生参与建立该学科的知识结构，培养学生具有探索情景、提出假设、推测关系、运用自己的知识解决新问题、发现新事物的能力。

（2）奥苏贝尔的有意义接受说。

奥苏贝尔是美国当代著名的教育心理学家，他主张学生的学习应该是有意义的接受。为了促进有意义学习的产生，奥苏贝尔提出了先行组织者策略。所谓先行组织者，是先于学习任务本身呈现的一种引导性材料。先行组织者的主要功能是在学生进行有意义的学习之前，在新旧知识之间架起一座桥梁，为新知识的学习奠定基础和认知框架。

认知主义学习理论的主要贡献在于重视人在学习活动中的主体价值，充分肯定了学习者的主观能动性和创造性，强调认知、意义理解、独立思考、准备状态等在学习过程中的重要性。布鲁纳强调在教学过程中，教师要尽量设计各种方法，创设有利于学生发现、探究的学习情境，使学习成为一个积极主动的“索取”过程，从而充分调动学生自我探究、猜测、发现的积极性；而奥苏贝尔则强调有意义的接受学习，在课堂教学中影响有意义接受学习的主要因素是学生的认知结构。

认知主义学习理论的不足之处在于没有揭示学习过程的心理，强调智力因素，忽视了非智力因素。

3. 人本主义学习理论

人本主义心理学是20世纪60年代在美国兴起的新的心理学思潮，它不像行为主义和认知主义心理学那样，从验证性研究中得到原理后提出结论，而是多半根据经验原则提出观点与建议。它强调学习过程中人的主观因素，尊重人的价值和主观能动性，具体反映在自由学习理论和以学生为中心的教学观中。其中较有代表性的是罗杰斯的自由学习观。

罗杰斯将学习分为无意义学习和有意义学习两大类。罗杰斯提倡意义学习，就是以人的自主学习潜能的发挥为基础，以学会自由和自我实现为目的，以自主选择的自认为有生活或者实践意义的知识经验为内容，以“自我—主动学习”为特征，以毫无外界压力为条件的完全自主的、自由的学习，即以学习者为中心的自由学习。这成为罗杰斯一贯倡导的有效学习原则。

在很长一段时间，各派心理学家都认为自己的理论抓住了学习的本质，可以解释一切学习现象。然而实践表明，人类的学习现象是十分复杂的，用某一个学习理论来解释是根本不可能的。各种学习理论对学习的界定实际上是从不同角度对学习进行研究，它们都揭示了学习规律的某一个方面，使我们对学习的本质和过程有更加全面和深刻的认识。

4. 建构主义学习理论

建构主义学习理论是行为主义发展到认知主义以后的进一步发展，该理论发展了认知主义学习理论中已有的关于“建构”的思想，强调学生在学习过程中主动建构知识的意义，并力图在更接近、更符合实际情况的情境性学习活动中，以个人原有的经验、心理结构和信念为基础来建构和理解新知识。所以它更加强调学习者的主体作用，强调主动性、社会性和情境性，有助于我们进一步深化对认知过程实质的认识。

在建构主义学习理论中，学习是学习者建构自己的知识的过程，这就意味着学习者不是被动地接受刺激，而是要对外部信息进行主动的选择与加工，主动地去建构信息的意义。外部信息的意义并不是由信息本身决定的，外部信息本身没有意义，意义是学习者通过新旧知识经验间反复、双向的相互作用过程而建构的。每个学习者都会以自己的原有经验为基础对新信息进行编码，建构自己的理解，原有知识又会因新经验的进入而发生调整和改变，所以知识不是信息的简单积累，还包含新旧经验冲突所引发的观念和结构重组。

（1）建构主义学习者对学习的认识。

尽管建构主义本身派别林立，但由于建构主义是认知主义发展的一个新阶段，因此大多数建构主义学者对学习存在以下几点共识：①以学习者为中心；②学习是学习者主动建构内部心理表征的过程，强调学习过程中要充分发挥学习者的主动性；③学习过程同时包括两方面的建构，既包括对旧知识的改组和重构，也包括对新信息的意义建构；④学习既是个别化行为，又是社会性行为，学习需要交流和合作；⑤强调学习的情境性，重视教学过程对情景的创设；⑥强调资源对意义建构的重要性。

（2）建构主义教学的实现途径。

建构主义学习理论强调以学生为中心，不仅要求学生由外部刺激的被动接受者和知识的灌输对象转变为信息加工的主体、知识意义的主动建构者，而且要求教师要由知识的传授者、灌输者转变为学生主动建构意义的帮助者、促进者。这就意味着教师应当在教学过程中采用全新的教学模式（彻底摒弃以教师为中心、强调知识传授、把学生当作知识灌输对象的传统教学模式）、全新的教学方法和全新的教学设计思想。目前开发出的比较成熟的教学方法主要有以下几种：

①支架式教学。

支架式教学是建构主义的一种教学模式。它是一种以学生为中心，利用情境、协作、会话等学习环境要素充分发挥学生的主动性、积极性和首创精神，最终达到使学生有效地实现对当前所学知识的意义建构目的的教学方法。支架式教学中的“支架”应根据学生的“最近发展区”

来建立，通过支架作用不停地将学生的智力从一个水平引导到另一个更高的水平。

②抛锚式教学。

建构主义认为，学习者要想完成对所学知识的意义建构，即达到对该知识所反映的事物的性质、规律以及该事物与其他事物之间联系的深刻理解，最好的办法是让学习者到现实世界的环境中去感受、去体验（即通过获取直接经验来学习），而不是仅仅聆听别人（如教师）关于这种经验的介绍和讲解。由于抛锚式教学要以真实事例或问题（作为“锚”）为基础，因此有时也被称为“实例式教学”或“基于问题的教学”。

③随机进入式教学。

由于事物的复杂性和问题的多面性，要做到对事物内在性质和事物之间相互联系的全面了解和掌握，即真正达到对所学知识的全面而深刻的意义建构是很困难的。往往从不同的角度可以得出不同的理解。为克服这方面的弊病，在教学中就要注意对同一教学内容，要在不同的时间、不同的情境下，为不同的教学目的、用不同的方式加以呈现。换句话说，学习者可以随意通过不同途径、不同方式进入同一教学内容的学习，从而获得对同一事物或同一问题的多方面的认识与理解，这就是所谓的“随机进入式教学”。

（3）建构主义学习理论在教育上的应用价值。

随着多媒体和网络技术的发展，建构主义学习理论得到了强有力的支持和发展，为这一理论的实际应用提供了广阔的舞台。

建构主义学习理论关于学习过程生成模式的解释，有助于中小学学科教育。尤其是在理科教学中，教师把握并利用学生正规学习前的非正规学习，以及科学概念学习前的日常概念学习，来理解与建构新知识或信息，从而更好地保证理科教学所要达到的预期效果。

建构主义学习理论提倡情境性教学，这样便于学生对新知识的意义建构，对改变教学脱离实际、深化教学改革具有积极的意义。

建构主义学习理论重视教学中师生、生生之间的社会性相互作用，所提倡的合作学习、交互式教学被广泛采用，为基于计算机网络的协作学习提供了理论基础。

二、教学理论

1. 夸美纽斯的自然教学理论

夸美纽斯是近代西方重要的教育学家。他在著作《大教学论》中提出了一个原则体系，其总的原则是教育应当适应自然。他认为自然界是有秩序和规律的，人是自然界中的一部分，人的发展和人的教育也应当受到这一秩序和规律的支配，教导的严谨秩序应当以自然为借鉴。在这个总的原则下，夸美纽斯提出了四个原则，即教与学的有效性原则、教与学的便利性原则、教与学的彻底性原则、教学的简明性与迅捷性原则。除此之外，还有班级教学以及学生之间的互教互学等等。

2. 布鲁纳的“结构—发现”教学理论

20世纪50年代，美国心理学家布鲁纳提出了“结构—发现”教学理论。他强调对学科基本结构的学习。他认为，无论什么学科，务必使学生理解学科的基本结构，即概括化的基本原理或思想，也就是要求学生以有意义地联系起来的方式去理解事物的结构。他还提倡发现教学法，认为发现是学生掌握知识的最佳方式，能够培养学生的抽象思维能力，发挥学生的智慧和潜力，促使外部动机向内部动机转化，学会探究学习方法，亲自去探索知识和规律。

3. 加涅的认知策略理论

关于教学目标，加涅认为学校的每一门学科都要按照五种学习结果制定具体的教学目标，并且明确提出，应该把认知策略作为教学的一个重要目标，这是对教学目标理论的重大发展。他把完整的教学过程划分为九个阶段：引起注意、告知目标、提示回忆原有知识、呈现教材、提供学习指导、引出作业、提出反馈、评估作业和促进保持与迁移，以此来提高学生的认知，尽快使学生能够自学。

4. 布鲁姆的教学理论——教育目标分类和掌握学习理论

美国芝加哥大学教授布鲁姆最早提出将学生的学习行为作为教育目标，并对教育目标加以分类研究。他还为此成立了一个专门的委员会，提出认知、情感和技能三个领域的教育目标。其中关于认知领域的教育目标，分为知识、理解、应用、分析、综合和评价六个层次，形成一个由简到繁的过程。

掌握学习理论是反映布鲁姆的教学观的重要理论，它是建立在人人都能学习的这一基础之上的。他的核心观点可以归结为两点：第一，任何一个学生只要有充分的时间学习，就能完成任何学习课题，并不是只有能力强的人才能完成高级的学习课题；第二，在现实中出现的学习达成度的差异，是由于该生所需的时间量与实际耗费的学习时间的差异所导致的。

布鲁姆经过研究提出了决定教学效果的三个主要变量：第一，认知的前提能力（cognitive entry behavior），即学生掌握新的学习任务所必需的基础知识的能力程度；第二，情感的前提特性（affective entry characteristics），即学习者参与学习过程的动机作用的程度；第三，教学的质量（quality of instruction），即教师教学适合学生的程度。布鲁姆认为这三个变量对学习达成度的影响作用分别为50%、25%、25%。

三、系统科学理论

1. 系统科学

系统科学理论是系统论、控制论、信息论的统称，是可用于所有学科领域的普遍的科学方法。系统科学是研究一切系统的原理、模式和规律的横断学科，它为当代科学技术的发展提供了新思路、新方法，把教育技术的研究带入了一个崭新的时代，并把教育系统设计引入20世纪的研究热潮之中。系统理论为教育技术提供了重要的理论基础和研究方法。

2. 系统科学的基本原理

（1）系统论。

系统观点认为，系统是现实世界中一种最普遍的现象，无论是自然界、人类社会还是思维领域都具有系统的特征。系统的触角遍及有形世界和无形世界的方方面面，可以说是无处不在。

在此基础之上，系统观点要求我们在认识事物时，将其看作是各要素之间以及要素与整体之间相互联系、相互作用的矛盾统一体，并通过要素的组合达到整体的质的飞跃。要素的组合可能形成三种不同的结果，即整体的功能大于部分功能之和、整体的功能小于部分功能之和、整体具有各部分都不具备的新功能。系统的这种特性要求我们在考察系统的因果关系时，应借助于理性分析和系统工程的方法，而不是靠直观判断。同时，在构造和调整系统时，应通过合理的组织获得新特质和更大的功能，这为系统问题的研究提供了广阔的空间。

（2）控制论。

控制论是美国著名数学家维纳创立的。他在 1948 年出版的《控制论》一书中首次使用了“控制论”一词，并将其定义为：“在机构、有机体和社会中的控制和通信的科学。”控制论的研究对象是控制系统，这类系统的特点是要根据周围环境的某些变化来决定和调整自己的运动，而系统与环境之间以及系统内部的通信信息的传递，是实现系统目的的基础。

控制论是一门以揭示不同系统的共同的控制规律为理论目的的具有普遍意义的理论，它不仅从事物的质的方面，而且着重从量的方面去发现各种控制系统的共同规律，并把反馈方法作为提高系统的稳定性，达到优化控制目的的有效方法。控制论观点对于我们实现教学过程的最优化及构建优化的教育教学系统有着重要的理论价值。

控制论在教育领域中应用所形成的理论称为教育控制论。教育控制论以提高教学效率和教学质量为控制目标，以信息流为主要传输形式，是研究教育系统中运用信息反馈来控制和调节系统的行为，从而达到既定教学目标的理论。

（3）信息论。

信息论是关于各种系统中信息的计量、传递、变换、存储和使用规律的科学。

教学过程的实质就是教育信息传递、变换和反馈的过程。因此，教师的备课实际上就是将教育信息的存储状态进行重新组织、变换，同时设计以适当的表述方法和顺序传递给学生。在传递过程中，一方面，教师要运用反馈原理，不断地从学生的及时反馈和延时反馈信息中获得调节和控制的依据，从而发现问题、改进教法、优化教学效果；另一方面，学生也可以从教师处获得反馈评价，找到自己在学习中的问题，从而改进自己的学习方法，提高学习能力。

根据教育信息论的观点，教育活动是双向的，既向学生传输信息，也从学生处获得反馈信息，并给学生以反馈评价，同时强调媒体在信息传递和变换中的作用。

3. 系统科学理论的基本特征

综合考察系统科学理论的主要观点，不难发现其所具有的特征，即整体性、综合性、有序性、动态性和最优化。

第一，整体性。系统科学理论认为，世界上一切事物都是由各要素组成的有机整体，它反对把整体归结和简化为各个组成部分的观点，反对用各孤立部分的简单加总去说明整体的观点，主张从组成部分之间的相互关系去把握整体。

第二，综合性。系统科学理论指出，系统诸要素之间存在着不可忽略的相互作用，所以在研究系统时必须将各要素综合起来，全面地加以研究。它主张分析与综合的有机结合，强调从整体上综合处理和解决问题。

第三，有序性。系统科学理论认为，系统的有序性是系统内部组织程度的反映，是系统结构稳定性的标志。对于任何复杂的系统，充分运用有序性规律能够科学地阐明它具有目的性的运动。

第四，动态性。系统科学理论指出，现实的系统都是动态系统，其状态是随时间的变化而变化的。当这种变化达到一定的程度时，就会发生旧系统的瓦解和新系统的建立。因此，我们应在系统的变化中把握系统的相对静止，并把静态系统看作是动态系统的理想化状态。

第五，最优化。最优化是根据系统结构与功能的辩证关系，为系统定量地确定最优的目标，并运用最新的手段和方法，在动态中协调整体与部分的结构关系，使部分的功能服从系统的总体目标，达到最优的整体功能。

四、教育传播理论

传播（communication）是人类社会普遍存在的信息交流的社会现象，是由传播者运用适当的媒体，采用一定的形式向接受者进行信息传递和交流的一种社会活动。教学过程其实也是教学信息的传播过程，在教育技术学研究中，传播理论可以帮助我们分析和研究教学传播过程中涉及的要素、教学传播的基本阶段及教学传播的规律，因此传播理论是教育技术的重要理论基础。下面就教育传播的相关内容进行简要阐述。

1. 教育传播的定义和特点

教育传播就是教师按照教学目标选定教学内容，通过各种传播媒体，向特定的教学对象传播知识，培养其技能，帮助他们形成优良品质和个性的传播过程。教育传播的原理、模式与一般的传播是具有共性的，但是由于教育传播研究的是教育者、现代教育媒介、信息、学习者这几大要素相互作用的现象、关系及其规律，因此具有不同于一般传播的鲜明个性，主要表现在：

（1）明确的目的性：教育传播是以培养人才为目的的活动。

（2）信息的特殊性：教育传播传播的是教育信息，是反映作为教育内容的客观事物的变化和特征的符号;同时,教育内容转换为教育信息(即编码）时所采用的方法、组织形式也具有其自身的特殊性。

（3）媒体和传播通道的多样性：在教育传播中，教育者可以充分发挥各种各样的媒体和通道的优势进行面对面的传播和远距离的传播。

（4）内容的严格规定性：教育传播的内容是按照教学计划和教学大

纲的要求严格规定的。

（5）受者的特殊性：教育传播有特定的受播者，那就是学习者。

2. 教育传播的要素

教育传播的主要要素包括教育者、教育信息、受教育者、媒体、通道、传播环境等。

（1）教育者。

教育者是教育传播系统中具备教育教学活动能力的要素，是教育信息的组织者、传播者和控制者，如学校中的教师、学生家长等。学校中直接面对学生进行教育教学活动的教师是最重要的教育者。“教师”并不局限于上讲台的教师，还包括教育管理者和教材编制者等，而且在特定条件下，教学机器也可以成为教师，即“电子教师”。在教育传播活动中，教师起着“把关人”的作用，传播什么内容、利用什么媒体，都是教师决定的。因此，教师必须要能实现教育传播系统的整体目标，使学生在德、智、体、劳诸方面都得到发展。而要完成这一重任，教师必须做好设计、组织、传递、评价等工作。

（2）教育信息。

信息是教育传播系统的主要要素之一。教育传播过程是一个信息交流的过程，自始至终充满了教育信息的获取、传递、交换、加工、存储和输出。在教育信息传播过程中，主要的信息是教学目标信息、预测学生信息、教师传送信息、实践教学信息、家庭教育信息、大众传媒信息、人际交往信息、学生接受信息和学生反馈信息等。

（3）受教育者。

受教育者是施教的对象，一般是指接收教育信息的学生。在教育传播过程中，作为受传者的学生，首先要接收传播信号，如阅读教科书和参考书、听取教师的课程讲授、利用其他教学媒体和大众传播媒体、参加教学实践与社会活动等；然后要对所接收的信息进行加工与储存，即将接收到的信号转换为语言符号或非语言符号；再将这些符号和已有的经验进行比较、分析、判断，得到符号的信息本义。在教育传播系统运行过程中，学生对教育信息的接收并不是机械的、被动的，在大多数情况下，学生是主动地接受教育信息，甚至是有选择地去接收与理解教育信息。

（4）媒体和通道。

在教育传播通道中，教育传播媒体是必不可少的要素。教育传播媒体就是载有教育教学信息的物体，是连接教育者与受教者双方的中介物，是人们用来传递和取得教育教学信息的工具。各种教育教学材料，如标本、直观教具、教科书、教学指导书、教学幻灯片、电影片、录音带、录像带、计算机课件等，都属于教育传播媒体。承载教育信息的所有物质形式都必须能为师生双方的感官所感受到，这样才能保证教育者与受教者之间的信息沟通顺畅。

所谓教育传播通道，就是教育信息传递的途径。它的组成要素有各种教育媒体、教学环境、人的感觉器官、处理和传播信息的方式。按传递的信号形式来分，包括图像通道、声音通道和文字通道。教育信息只有经过一定的通道，才能完成传递任务，达到教育传播的目的。

（5）传播环境。

教育传播环境是影响教育传播效果的重要因素，其内容是复杂和多方面的。社会经济、科技、文化背景、风俗习惯，以及各种自然物、人工物等，都是教育传播环境中不可忽视的因素，其中影响较大、较直接的有校园环境、教室环境、社会信息、人际关系、校风、班风、电、光、声、空气、温度等。良好的教育传播环境能对教师的教学组织活动产生促进作用。

3. 教育传播的基本方式

根据教育传播中传播者与受传者的关系结构来区分，教育传播有以下四种方式。

（1）自学传播。

自学传播是指没有专职教师当面传授的一种教育传播方式。自学者自定学习目标，从周围可能的环境中寻找合适的教师替身。一般较多的是选择自学的教材，即根据学习要求选购相应的书籍、录音带、录像带和 CAI（Computer Aided Instruction，计算机辅助教学）课件等学习材料，自定步调学习。

（2）个别传播。

最早的教育传播即采取这种方式，是传播者与受传者单独面授知识和经验的一种教育传播方式。尽管这种教育传播方式相当古老，但因为它的效果显著而沿用至今。现在则可以通过现代化的传播手段进行，如在语言实验室中教师利用主控台设备与隔音座上的学生单独通话讲授。

（3）课堂传播。

课堂传播是当前学校普遍采用的教育传播方式，学生的学习主要依靠课本和教师的语言讲解，即主要通过语言和文字符号进行。这种传播方式有利于发挥教师的主导作用，教师能科学地组织教学过程，充分考虑情感因素在学习过程中的重要作用;学生能快速、有效地掌握知识技能，且有利于培养合作精神和竞争意识。但由于过分强调整齐划一，容易忽视学生的自主性和独特性，不利于发挥学生的全部潜力，不利于培养学生的兴趣、特长和展现他们的个性才能。

课堂传播中虽然也有教育信息的沟通过程，但一般来说，其沟通程度不足,学生很少有发言的机会。目前的课堂上,一般是以教师讲解为主,灌输大量的信息，而学生提问、争辩则是极少的，学生之间的横向交流常常是被制止的，这样就导致学生过多地依赖教师，处于被动地位。

（4）远程传播。

远程传播是非面对面的传播活动，如函授、电视教学、网络教学等。这种教育传播方式随着广播、电视、录像、卫星广播、计算机和网络等现代通信传播和控制手段的推广而逐步得到普及，但还需要适当的辅导与之相配合。

在开展远程教育传播方面，特别是在举办电大、广播学校、网络学院等方面，我国取得了令人瞩目的成绩。美国教育传播和技术协会执行主任林·古布塞博士（1986）指出：“在诸如教学设计、计算机辅助教学和交互式系统这样的专业领域里，美国有许多东西可供借鉴，而中国则在利用广播和电视进行公共教育方面有不少地方值得美国学习。”

5. 教育传播的一般过程

教育技术工作者就是要研究教育信息传播过程中，教育者（传播者）、媒介和学习者（接收者）三者间相互作用的方式、现象、相互关系和规律，从而应用于教学实践，达到教学最优化。下面根据“香农—韦伯”传播模型来详细介绍教育传播的一般过程。

（1）信源：处于指导地位的教师或其他教育机构的传播者在传播过程中的心理状态、兴趣、需要、情绪、传播的信息技巧、个人经验、个人魅力、态度以及社会文化标准等都会影响到其所传播的信息的意义。

（2）信宿：处于学习主体地位的学习者，是信息的解释者，其实，教育传播的意义不在信息之中，而在接收者身上，因为传播者是信息的来源，接收者是意义的来源。

（3）编码：指教育教学信息的组成方式和表现形式。这里说的信息就是教学内容。

（4）信道：媒体就是连接信息传播者和接收者的“通道”，教育者必须考虑用哪种方式比较容易使信息接收者对知识以及信息的性质有一个清醒的认识。

（5）译码：指学习者对接收过来的信息进行处理，信息转换为学习内容的过程和方法。

（6）干扰：即噪声，指在教育信息传播过程中对学习者获得信息产生不良影响和不良作用的因素。在实际的教育传播过程中，噪声总是客观存在的，我们的目的是最大限度地降低它的干扰。

（7）前馈与反馈：前馈就是在信息未到达信宿之前发出控制信息，以纠正即将发生和已经发生的偏差，将传播系统调整到最佳状态，保证教学目标的实现。反馈是指信宿获得信息后，将获得信息的质量、信宿对信息传播媒介的态度以及对传递方式的态度及时通知信源，使信源能够及时地调整教学程序、改变教学方法，以保证教学目标的实现。

6. 教育技术与教育传播

在教育传播活动中，不论是知识与技能的传与受，还是思想情感的交流与沟通，都涉及以下几个方面：在什么环境下，教育者为了什么目的，将信息以什么符号和序列，通过什么途径和媒体传送给学习者，在他身上产生了什么样的影响，怎样才能取得更好的效率等等。这些方面与教育技术所研究的要素和领域有着千丝万缕的联系。因此，我们可以将教育传播的理论与成果应用于教育技术的各个实践领域，比如：传统的课堂视听教育（如幻灯、投影等），计算机辅助教育，有线电视教学，网络教育等。

可见，教育传播为教育技术的研究与应用提供了一个系统的、整体的传播模式，而且有关教育传播的研究也为教育技术理论向纵深发展开拓了一种途径，即可用传播学的角度与方法来研究教育现象，也就是"多维视野"。教育传播的发展将继续推动教育技术的发展和进步。

五、学习科学理论

1. 学习科学

众多学者曾对学习科学的概念做出界定。例如，基思·索耶在《剑桥学习科学手册》中这样描述学习科学：从认知科学、计算机科学、人类学、设计技术等多学科研究发展起来的交叉研究领域，着眼于更好地理解引发有效学习的认知和社会过程，从而重新设计教室和其他学习环境，促进人类更有效、更深入地学习。国内研究者任友群和韦钰也各自从不同的视角对学习科学进行了界定。对学习科学的界定较为权威的是国际学习科学协会（International Society of Learning Sciences，简称 ISLS），它将这个领域概括为："一个多学科的领域，此领域的研究者们研究发生于真实情境的学习，以及在设计的环境中如何更好地促进学习，比如在学校、在线、在工厂、在家庭以及在非正式环境中。"学习科学研究受建构主义、社会认知论以及学习的社会文化理论的指导。

2. 学习科学理论对学习过程的影响

新的信息技术成果要真正能为教育变革带来可能，对学生学习产生积极影响，课程设计就应该基于学习科学等多种理论，围绕学习者目标、需求、活动和教育情境来设计。基于学习科学的课程设计应当关注开发基于技术支持的建构主义学习环境。在这个综合的环境中，学习者可以利用设计的工具、信息资源和提供的合作支持，在真实的情境中完成学习目标和学习活动。学习科学理论在教学中具有以下作用：

（1）在先前知识基础上设计教学，为学生提供建构性学习策略。

（2）模拟真实情境，向学生提供真实学习任务的策略。

（3）开发和实施包含形成性评价和多元性评价在内的综合评价系统。

（4）利用数据挖掘技术收集学习行为数据,为优化课程设计提供依据。

此外，学习科学研究表明，工具在学习中具有重要作用。认知工具可以扩展学生的学习范围及能力。组合多种媒体，运用梅耶提出的多媒体设计七原则，如邻近呈现原则、双向通道原则等能更清晰地呈现教学资源，对提升课程设计水平具有重要指导价值。在线课程设计有必要选择更有效的工具来拓展深化知识学习。

六、媒体教学理论

媒体教学理论中比较有影响的是美国教育家埃德加·戴尔的“经验之塔”理论，虽然这一理论早在 1946 年他的《视听教学法》一书中就提出了，但是今天看来仍然具有借鉴价值。

戴尔认为，人类对知识的学习可以通过两种途径获得，一种是由自己的直接经验获得,另一种是通过间接经验获得。当学习是由直接到间接、由具体到抽象时，获得知识和技能就比较容易。戴尔把人们获得知识与能力的各种经验依照其不同的抽象程度，分为三类十个层次，形成金字塔的结构，如图 1–2 所示。

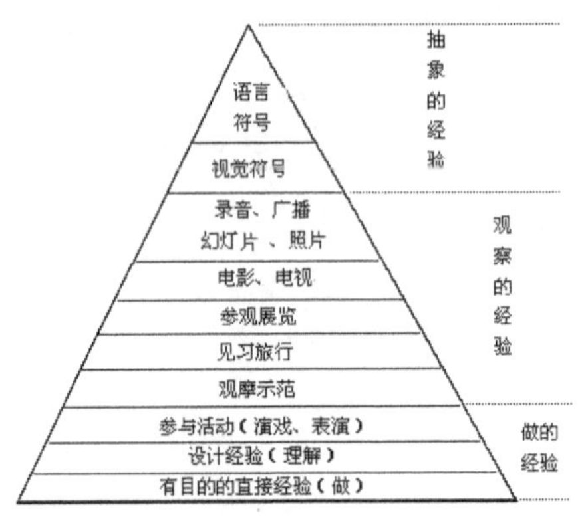

图1-2　戴尔的“经验之塔”

“经验之塔”的理论要点：

① 塔的经验分布

塔的最底层的经验最具体，越往上则越抽象。但不是说，获取任何经验，都必须经过从底层到顶层的阶梯，也不是说底层的经验比上层的经验更有用。划分阶层只是有利于说明各种经验的具体或抽象的程度。

② 学习方法

教育应从具体经验入手，逐步过渡到抽象，这是较有效的学习方法。

③ 教育升华

教育、教学不能止于具体经验，而要向抽象经验发展，进而发展思维、形成概念，并上升到理论层面。

④ 替代经验

位于“塔”中间部位的那些视听教材和视听经验是替代的经验，它比上层的语言和视觉符号具体、形象，又能突破时间和空间的限制，弥补下层各种直接经验方式的不足，且易于培养学生的观察能力。

⑤ 形成科学的抽象经验

在学校中，应用各种教育媒体，使教学更为具体、直观，也能为抽象概括创造条件，从而形成科学的抽象经验。

“经验之塔”理论所阐述的是经验抽象程度的关系，符合人们认识事物由具体到抽象、由感性到理性、由个别到一般的认识规律。位于塔中部介于做的经验与抽象经验之间的广播、录音、照片、幻灯片、电影、电视等，既能为学生学习提供必要的感性材料，容易理解，容易记忆，又便于借助解说或教师的提示、概括、总结，从具体的画面上升到抽象的概念、定理，形成规律，是有效的学习手段。因此，“经验之塔”不仅是视听教育理论的基础，也是教育技术的重要理论基础之一。

七、具身认知理论

1. 具身认知理论的基本内涵

在具身认知哲学思想的影响与心理学研究的推动下，具身认知理论逐渐形成了较为完整的理论内涵与观点。

首先，具身认知理论认为心身是一体的、统一的、不可分离的；心智是基于身体和涉及身体的，心智始终是具（体）身（体）的心智。因此，具身认知理论强调认知对身体的依赖以及身体经验对认知的重要性，离开身体、没有身体经验的认知是难以发生的。认知是具体身体对外在的感知，身体的生理结构、身体的活动方式、身体的现时状态以及身体的感知运动经验决定了人类对世界的感知和解释。也就是说，主体认知是主体的身体对外在世界的感知与经验，主体对外在世界的感知、理解和解释是由主体自身身体的内在生理结构、身体的活动方式、身体的现时状态及身体的感知运动经验所决定的。这是具身认知理论最基本与最核心的观点。

其次，具身认知理论将情境性、生成、动力系统等概念融入具身认知的思想之中，成为理解具身认知理论的基本解释学范畴。具身认知的情境性观点认为认知是发生在现实的、具体的情境之中的，必然受到具体的物理环境和社会文化背景的影响，因此，认知不仅是具身的，而且是发生在具体情境之中的，情境是身体的延展。

最后，具身认知理论把身体、行为、认知和中枢神经机制有机地结合在一起，从分子、突触、神经元等微观水平和大脑、身体、环境等宏观水平全面阐述在感知客体、形成表象、使用语言、记忆信息、推理决策、情绪和动机过程中的心智过程及其神经机制。

2. 具身认知理论的教学意义

具身认知的理论观点对科学主义、抽象主义与符号主义的教学认识论产生了进一步的冲击，为教学认识论进一步偏向经验主义、生活主义、直观主义与建构主义提供了支持。一方面，主体认知依赖于主体本体的各种经验，它们源自具有感觉和运动能力的身体在不同时空的亲身经历。身体的生理结构及其活动方式影响着主体的认知方式，塑造了主体的思维、判断和态度。而另一方面，主体的思维、判断、态度以及情绪等认知过程反过来也影响与支配着身体。就此而言，教学与学习本质上就是一种具身认知活动过程，是依赖于主体的身体及身体感觉运动系统才得以产生并且实现的。在具体情境中，活动着的身体才是经验的根源，是认知与学习的根源。因此，主体的身体及其本体感知经验与体验在学习与教学中具有不可替代的独特意义与作用。

第三节　教育技术的发展趋势

信息时代的到来，为教育的改革和发展提供了十分有利的机遇，教育教学领域的观念、理论和方法也随之不断更新，教育技术正是在此背景下产生和发展起来的。教育技术的产生与发展既有全球性，又有本土性。因此，学习者需要了解国外与国内教育技术产生与发展的历程以及教育技术的发展趋势。

一、国外教育技术的发展历程

美国的教育技术产生最早，发展脉络清晰完整，在世界上影响较大，其他国家如日本、英国、加拿大等均以美国的教育技术理论模式为借鉴，美国可作为研究教育技术发展历史的典型代表。美国教育技术的形成与发展可从三个方面追溯：一是视听教学运动推动了各类学习资源在教学中的运用；二是个别化教学促进了以学习者为中心的个性化教学的形成；三是教学系统方法的发展促进了教育技术理论核心——教学设计学科的诞生。这三个方面发展的起源不同，但都遵循“视觉教学—视听教学—

视听传播—教育技术”这一发展轨迹。如图 1–3 所示。

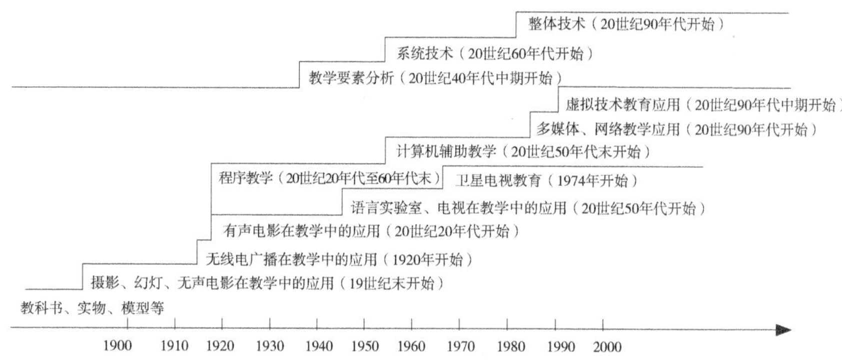

图1–3 国外教育技术的发展历程

1. 视觉教育阶段（20 世纪初至 20 世纪 30 年代）

19 世纪末，科学技术的迅速发展和科技成果引进教育领域，对教育技术的发展产生了深刻的影响。摄影、幻灯、无声电影等新媒体技术相继应用于教学，向学生提供了生动的视觉形象，使教学获得了不同于以往的良好效果。1906 年美国宾夕法尼亚州一家公司出版了《视觉教育》一书，介绍照片拍摄、幻灯片制作和使用，这是最早使用“视觉教育”术语的著作。随后，越来越多的教育工作者参与对新媒体应用的研究。1913 年，托马斯·爱迪生宣布：“不久将在学校中废弃书本……有可能利用电影来教授人类知识的每一个分支。在未来的 10 年里，我们的学校将会得到彻底的改造。”10 年过去了，爱迪生预期的变化没有出现。然而，视觉教育却有了长足的发展。1923 年，美国教育协会建立了视觉教学分会，视觉教育工作者开始发展他们自己的学说，并把夸美纽斯的《直观教学论》作为视觉教育的理论基础。1928 年第一本关于视觉教育的教科书《学校中的视觉教育》出版，并断言“视觉经验对学习的影响比其他各种经验都强得多”。

1924 年，在美国心理学会的会议上，普莱西宣布他设计出了第一台可以进行教学测验和记分的教学机器。它不仅能呈现视觉材料，还能针对学生的学习情况提供反馈信息，这是教学机器与音像媒体的重要区别。

该教学机器用于个别化教学活动，于是产生了早期的个别化教学。

2. 视听教育阶段（20 世纪 30—50 年代）

20 世纪 30 年代后期，无线电广播、有声电影、录音机先后在教学中获得应用，人们开始在文章中使用“视听教育”这一术语。1947 年，美国教育协会视觉教学分会正式改名为视听教育分会。

1931 年 7 月，美国辛克斯公司在华盛顿做了一个电影教学的实验：在儿童看电影的前后，分别用 5 种测验表格考查他们的学习成绩，结果显示，看电影后比看电影前成绩平均增加 88 分，学生知识量增加 35%。美国哈佛大学在马萨诸塞州 3 个城市的中学所进行的实验也证明，用电影教学的学生比不用电影教学的学生成绩提高 20.5%。第二次世界大战期间，美国政府生产工业培训电影 457 部，为军队购买了 5.5 万部电影放映机，花费在影片上的投资达 10 亿美元，将教学电影用于作战人员和军工技术人员的培训并取得了显著成效，也提高了人们对战后学校教学使用视听媒体的兴趣和热情。

20 世纪 50 年代，电视的出现为视听教育提供了更好的技术手段。与电影相比，电视具有制作周期短，传播、复制容易等优点，因此被迅速应用到教育领域。从 20 世纪 30 年代到 50 年代，在美国掀起了一场视听教育运动。与此同时，关于视听教育的理论研究进一步推动了视听教育的发展，其中以戴尔的“经验之塔”理论最具代表性，其被作为视听教育的主要理论依据。

20 世纪 50 年代中期，美国心理学家斯金纳根据行为主义学习理论设计了新一代的教学机器，被称为斯金纳程序教学机，并由实验阶段转入应用阶段，在大学和军队中得到应用。

3. 视听传播阶段（20 世纪 50—60 年代）

20 世纪 60 年代以后，教育电视由实验阶段进入实用阶段，程序教学机风靡一时。与此同时，由拉斯维尔等人在 20 世纪 40 年代创立的传播学开始影响教育领域，有学者将教学过程作为信息传播过程加以研究。上述背景推动了对教育传播的重视，提出了视听传播的概念。1963 年，美国视听教育协会对视听传播的概念进行了描述：视听传播是教育理论和实践的分支，主要研究控制学习过程的信息的设计和使用。它包括：

（1）关于直观和抽象的信息各自独特的和相互联系的优缺点的研究，这些信息可用于任何目的的学习过程。

（2）将教学环境中的人和设施产生的教育信息结构化和系统化。

（3）研究涉及计划、制作、选择、管理、运用等各部分和整个结构系统，其目标是有效地运用每一种传播方法和媒体来帮助发展学习者的全部潜能。

这时，比“视听媒体”概念更为广泛的“教学资源”概念崭露头角，人们逐渐将关注的焦点从原先的视听教育转向整体的教学传播过程、教学系统。

4. 教育技术阶段（20 世纪 70 年代至今）

美国教育技术界人士大多认为，教育技术的形成是第二次产业革命时期科学技术的发展对教育影响的结果，并把 20 世纪 20 年代初期美国教育领域内兴起的视觉教学作为教育技术的开端。但直到 20 世纪 60 年代末，教育技术领域才形成并发展为一个专门的教育实践领域。这主要是由于教育技术的形成与三种教学方法（视听教学、程序教学、系统化设计教学）的实践发展有关。它们均在 20 世纪初开始形成，先后各自独立发展，随着人们对技术理解的逐步深刻，到了五六十年代它们逐渐相互影响和借鉴，至 60 年代末 70 年代初融为一体而形成教育技术领域。

20 世纪 70 年代中期，微型计算机问世，计算机教育应用进入新的阶段。1970 年，美国教育传播和技术协会（AECT）成立，首次提出教育技术的概念并对其进行了定义。此后，AECT 又在 1972 年、1977 年两次对定义进行修改，并在原有的传播理论、行为主义学习理论的基础上，把系统理论作为教育技术的理论基础。随着多媒体计算机、网络技术、远程通信等媒体技术的发展，教育技术的实践进一步深入，使教育技术的内涵不断丰富。上述发展也推动了教育技术理论的研究，并把认知主义学习理论、建构主义学习理论作为其理论基础。

1994 年，AECT 对教育技术重新进行定义，使之更加符合当时信息技术和教育教学的实际，对世界各国教育技术的发展产生了较大的影响。2005 年，AECT 对教育技术定义又进行了修改，再一次受到人们的高度关注。

美国教育技术人才培养以硕士研究生为主，少量本科生及博士生学制 2—3 年。硕士研究生以学位课程取得学分为主，不做课题；博士研究生除取得一定的学分外，还必须完成研究课题。学制比较灵活，可以修一些学分后工作一段时间再来学习，一般 5—7 年完成学业。

学习内容主要是教学系统设计及相关内容，从学习资源和学习过程的设计、开发、应用、管理和评价五个方面组织课程和开展研究。学生主要是学习、设计网络方面的软件。学生来源主要是学校的教师，在具备某一专业知识的条件下培养其利用教育技术当好教师的能力，毕业后还回学校工作。学习方式主要是小组协作讨论学习。

二、我国教育技术的发展历程

教育技术学是将教育心理学、媒体技术与系统科学方法三者相互综合，用于专门研究教育技术现象及其规律的学科。同其他国家教育技术学的发展历程一样，我国教育技术学从硬件建设到软件制作，再到设计、开发学习过程和资源，逐渐形成了一整套用于教育教学的理论、方法和模式的技术，构成了反映教育技术内在规律、具有严密逻辑性的知识体系。

从历史发展的维度看，人类社会教育领域至今经历了四次革命性的变化。第一次是语言的产生，语言作为媒介促进了人类的社会交往和知识经验的流动与传播。第二次是文字的创造和使用，使教育成为专门传播知识和文化的事业。第三次是印刷术的发明，为真正的知识传播带来了新鲜动力。第四次是电化教育（教育技术）媒体的兴起，掀起了“教育领域的第四次革命”，极大地扩展了知识传播和文化交流的深度和广度。我国教育技术学有着鲜明的特征，从形成之日起，就与媒体技术有着紧密联系，媒体技术的应用是我国教育技术发展的深层动因。媒体技术主要指教育教学中应用的视听技术媒体和信息技术媒体。视听技术媒体包括幻灯、投影、电影、电视等，信息技术媒体包括计算机、网络和多媒体等。教育技术学主要利用视听技术媒体、信息技术媒体等设计、开发、使用、管理以及评价相应的教育信息资源、教学方法和教学模式，从而达到优化教学、促进学习的效果。

以媒体技术的发展为路线，借鉴李龙先生提出的我国电化教育（教育技术）发展的四个阶段，下面主要从初创阶段（20 世纪 20 年代至 40 年代末）、奠基阶段（20 世纪 40 年代末至 70 年代中期）、发展阶段（20 世纪 70 年代末至 90 年代初期）、深入发展阶段（20 世纪 90 年代中期以后）以及智能多元阶段（21 世纪以后）等五个阶段，来探究我国教育技术的发展历程，如表 1–1 所示。

表 1–1　我国教育技术发展历程表

	初创阶段	奠基阶段	发展阶段	深入发展阶段	智能多元阶段
研究内容	电化教育试验	电教设备设施的建设 电化教育基础	电教系统工程建设 现代教材体系建设 开设计算机课 举办电教专业 CAI 系统方法	网络教育 网络教学模式 信息技术与课程教学整合 远程教育应用 翻转课堂 混合学习	Web2.0 人工智能 AR/VR 泛在学习 非正式学习
研究范式	—		实证主义	建构主义	多元化
研究方法	—		教学实验 标准化测验 调查法	观察法 访谈法 实地研究法	量化研究 质性研究 学科专业研究
媒体技术	幻灯片、投影、广播、录音、电影（1920—1970）→ 卫星电视系统（1970—2000）→ 多媒体计算机（2000—2020）→ 普适计算（2020 至今）				
理论基础	直观教学理论 “经验之塔”理论 → 行为主义 认知理论 香农等的传播理论 → 建构主义 加涅的学习理论 → 混合学习				

1. 电化教育的初创阶段

民国时期电化教育的发展是在极其艰难的条件下进行的。回顾历史，江苏镇江民众教育馆对我国早期电化教育事业的普及起到了积极的推动作用；陶行知、蔡元培等一批电化教育先行者，为电化教育的早期实践做出了重大贡献；金陵大学是较早开展电影教育活动的学校。在20世纪三四十年代，电影、广播及幻灯片都是比较前沿的媒体技术手段，其中，电影、播音教育是电化教育的开端。本时期的理论基础主要有夸美纽斯的直观教学理论和戴尔的“经验之塔”理论；基本特征是幻灯片、电影等开始进入高等学校和城市中小学，媒体技术手段在教育中得到应用且强调实践应用的效果，基本上没有确定的研究方法。

2. 电化教育的奠基阶段

新中国成立后，党中央对旧政府的电化教育机构进行了重新调整，原文化部对各类教育幻灯片和电影进行了精心管理，至此电化教育事业得以发展。20世纪60年代中期，我国电化教育的基础基本奠定；60年代中后期，电化教育基于历史原因处于停滞状态；70年代初期，电化教育随着“文化大革命”的结束逐渐恢复与发展。在这一时期，电影、幻灯片、广播、录音成为教学的主要媒体，行为主义成为学习理论的主流，但尚未被电化教育工作者所认识。人们关注的热点是电教设备设施的建设和高等学校开设的电化教育基础课，如播音教育（举办俄语广播学校、文化补习学校、广播函授大学电视教育）、学校（中小学与高校）电化教育。这一时期主要以媒体理论和教育理论为导向，关注一些电教设备在教育领域的推广应用效果研究，研究方法并不突出。

3. 教育技术的发展阶段

20世纪70年代末，电化教育得到迅速发展。1978年，教育部建立了中央电化教育馆；1993年，将“电化教育”专业更名为“教育技术学”专业，建立了全国电化教育机构，开办了全国范围的广播电视大学。这一时期引进了教学系统设计的核心方法——系统方法，开始有意识地将行为主义学习理论、认知主义学习理论以及香农等的传播理论运用到教学中。此阶段我国教育技术学采用的是实证主义研究范式，使用的研究方法为“实验室研究”。该方法的研究过程被精心设计，实验室环境被高度控制，通过探究各变量之间的关系，从中得出普遍性规律。如，计算机辅助教学实验借助调查法，通过测试或问卷调查，收集、统计、分析数据。受行为主义主导，研究者将其应用于各类教学研究实践中，使研究结论更加普遍、客观。但该方法常被质疑仅在实验室内有效，数值被量化统计分析，再被还原成有意义的解释，而研究对象和过程却未体现，具有一定的片面性和局限性。

4. 教育技术的深入发展阶段

到 20 世纪 90 年代中期，信息技术课程普及，校园网与教育城域网快速建设，以多媒体计算机网络为代表的媒体技术迅速发展，以智能代理、机器学习为代表的智能技术开始兴起，教育技术与我国教学实际有了更加密切的联系，教育技术学学科得以初步确立。本阶段我国的学校课程标准和学习指导要领，引入了皮亚杰的“认知发展阶段理论”，解释主义研究范式逐步形成，建构主义理论开始流行，并发展成为该时期教育技术学的指导性理论。建构主义多采用解释性的质性研究方法，如访谈法、观察法、实地研究法等，并结合实证主义的研究方法，与传统学习进行比较，对评测结果进行对比分析，通过测定显著性差异来解释建构研究的有效性。

5. 教育技术学的智能多元阶段

进入 2000 年以后，教育技术学与多学科加速融合，技术发展与教育实践应用同步推进。在何克抗先生的混合学习理论等的指导下，传统学习的优势与数字化学习的优势得到结合，信息管理和共享、智能应用等得到研究者的重视，大量与新信息技术相关的实践研究相继出现。

（1）研究内容的多元化。

2000 年以后，互联网和校园网的建设使中国进入了数字化、信息化社会，研究内容从信息可视化发展到包括个别化学习、小组学习以及泛在学习、非正式学习等的多元化学习模式，探索开发了具备知识管理、学习测评等功能的学习管理系统，以及具有社交网络服务和流媒体视频资源的教学辅助平台。新兴的智能手机功能、可穿戴技术、虚拟现实技术、增强现实技术以及高清视频技术等，被纷纷应用到教育技术领域，由此不断涌现出新的课题，如云计算、知识管理、开放教育资源、游戏化学习等。慕课（MOOC）、基于大数据的学习分析及知识管理模型等内容，也逐渐成为近年来的研究热点，教育技术学研究内容呈现出多元化的态势。

（2）学科建设的多元化。

教育技术学在创建和发展过程中，与多种学科不断融合创新，使得多学科相互影响、渗透并衍生出多个新兴学科。当前，我国教育技术学学科已成为融合教育学、心理学、生物学、计算机科学、脑科学等学科的交叉学科。2001 年，丁兴富、冯少舟等人将教育学与经济学融合，产生新的学科——远程教育经济学。2009 年，周加仙将教育学、脑科学、生物科学、认知科学等四大学科体系联系在一起，教育神经科学被应用到研究中。由此可见，教育技术学学科的发展与其相关学科的发展息息相关。

（3）研究对象的多元化。

随着媒体技术的飞速发展，我国教育技术学的研究对象更加多元化：①教育资源多元化。如，自适应学习系统中的资源不仅能实现个性化教学，而且其动画、视频等动态资源融合了角色扮演、信息反馈等功能。②技术应用多元化。如，云计算、大数据等技术辅助教学，流媒体技术、高清视频、人形机器人、人机协同等新技术融入教学。③学习方式多元化。大量教育研究应用知识管理、文本分析、自然语言处理等技术，使得翻转课堂、混合式学习等新的在线教学模式随之出现。④学习空间多元化。信息化社会对于学习环境的要求逐渐提高，研究者开始对个性化、移动化、虚拟化等环境展开研究，“新型智慧教室”这一概念也顺应出现。

（4）研究方法的多元化。

随着科技进步与学科发展，社会科学领域中的各种研究方法被不断引入到教育技术学研究中，行动研究、混合研究、基于设计的研究等多种研究方法在教育技术学领域逐渐得到应用。多元化研究范式是教育技术学研究的必然走向，我们需要打破单一的思维方式，放弃寻求普遍的、万能的教育技术学研究模式，转向多元化的教育技术学研究范式。

三、教育技术的发展趋势

1. 教育技术基于技术的发展趋势

随着现代信息与通信技术的飞速发展，许多新的技术都应用到教育领域，多媒体技术、网络技术、蓝牙技术、虚拟现实技术、卫星通信技术、人工智能技术等为教育技术注入了新的活力。

（1）多媒体技术。

多媒体主要指计算机和其他各媒体组成的系统，计算机将文字、图像、图形、音频、视频、动画等媒体综合于一身，同时还与其他媒体进行控制组合，各媒体互为补充、协同作用，使系统整体功能比各个媒体功能的总和更为强大和丰富有效，实现了人与计算机等媒体的交互。

以计算机为主体的多媒体技术由于具有多重感官刺激、传输信息量大、速度快、传输质量高、应用范围广、使用方便、便于操作、交互性强等优点，成为教育技术的主流技术。多媒体技术会随着相关技术的发展而发展，由于其在教育领域的空前应用，必将促进自身不断发展与提升，并不断整合出现的新兴媒体，朝着方便、简捷、智慧化的方向发展。

（2）新网络化。

目前，教育技术的网络化趋势主要表现为国际互联网应用的急剧发展和卫星电视网络的飞速发展，随着技术进步，这两大网络系统将逐步统一融合，形成真正意义上的全球信息系统（网）。

互联网作为一种远程网络通信技术，不受时空限制，具有同步和异步传输模式、双向交互、信息量大等特点，生命力强大，得到广泛应用，已对教育产生深远影响。卫星电视进入教学领域以后便得到了迅速发展，目前我国公共电视网（CATV）在城市中有庞大的用户群，公用交换电话网（PSTN）也伸向千家万户。基于这两大网络，以现有大学为依托，具有一定交互能力的适合远距离教学的网络大学已成现实。

（3）蓝牙技术（Bluetooth）。

蓝牙技术的完善与应用使信息的传递与控制获得了巨大的自由空间。蓝牙技术是一种无线数据与语音通信的开放性全球规范，它以低成本的近距离无线连接为基础，为固定与移动设备通信环境建立了一个特别连接。它的应用给校园网赋予了新的活力，校园网将向个人用户的资源共享与漫游发展,应用范围也将不局限于学习和信息检索功能,更具有生活、工作和控制功能。

（4）虚拟现实技术（VR）。

虚拟现实技术是指采用以计算机技术为核心的现代高科技手段生成逼真的视觉、听觉、触觉、味觉、嗅觉等一体化的虚拟环境，用户借助特殊的设备以自然的交互方式与虚拟世界中的物体进行交互，从而产生亲临真实环境的感受和体验。

虚拟现实技术的主要特征有沉浸性、交互性、想象性。它表现为一种基于视觉、听觉、触觉等感官的新型交互式人机界面，可以创造出身临其境、完全真实的环境。这种技术在教育领域,特别是实验教育领域中,有着不可替代的、令人鼓舞的运用前景。随着增强现实（AR）/ 虚拟现实（VR）/ 混合现实（MR）开始进入学校的实际应用阶段，沉浸式学习环境将带给学生更加美妙的学习体验，我们须高度关注，适时开发。

（5）人工智能技术（AI）。

人工智能技术对培养学生的创造力和想象力极为有效，为开展素质教育，也为学校的科学管理提供了新的方法与思路。它是信息技术发展的最重要方向之一，现在国际教育技术界重点研究的课题如“个别指导策略与学习者控制”“学生模型建构与错误诊断”等，一定程度上反映了教育技术的发展方向，这些问题需要与人工智能技术有机地结合起来，建构智能或超智能教学系统。

新技术的发展为实验教学赋予了新含义，教育技术相关机构的设置与改革必然随着教育技术的发展而改变。实验教学大量地应用现代科学技术，如人工智能技术、计算机技术、虚拟现实技术，产生新型的实验教学模式，使得学生实验的内容与手段更加现代化，有利于拓宽学生的思维领域，提高学生的实验技能。电化教育中心、计算机技术中心与网络系统、各学科教学仪器实验室、其他相关专用教室、教师备课与其他学校管理系统必然会由教育技术中心来统一管理与运行。同时教育技术机构和职能也将随着现代教育的发展而不断调整和提升。

2. 教育技术应用于教育的发展趋势

教育技术作为理论和实践并重的交叉学科，需要理论指导实践，在实践中进行理论研究。目前，教育技术在教学中的应用研究的热点集中在信息技术与课程整合和网络教育领域，所有这些乃至终身教育体系的建立都强调对学习者学习的支持，即围绕如何促进学习展开所有工作。正因如此，人们将会越来越重视教育技术的实践性研究。

（1）教师培训。

支持学习首先是谁来支持以及如何支持，即教师培训问题。世界各国都很重视教师培训。2000 年，美国国际教育技术协会制定了《全国教师教育技术基本标准》，其中规定了教师应该具备的教育技术基本能力，为了达到该标准需要对教师进行系统的教育技术培训。

据调查，我国教育技术发展较快地区尚有 1/3 的教师对教育技术知识不甚了解或根本不知道。调查也显示，教学第一线的教师大部分欢迎教育技术培训，具有较强的学习动机。因此，如何对教师进行教育技术培训，特别是如何实施有效的培训，需要教育技术工作者在实践中进行不断的探索。

（2）教学资源建设。

在教学资源建设方面，特别是教育软件的设计和应用方面值得我们重视。当前教育软件的应用远远没有达到我们所预期的效果，比较突出的问题有：存在科学性错误、适用性较差、交互性不强、制作欠精细、智能性欠佳等。随着网络技术、智能技术、虚拟现实技术等的不断发展，新一代以网络为核心的智能教育软件将在教育软件市场占据越来越重要的地位。如何克服教育软件业目前的困难，开发出适合学习者特点和需求的网络教学资源，将成为资源建设中重要的研究任务。

此外，为了使教育资源能够大范围地共享和交流，网络教育技术标准研究成为近几年的热点问题。2001 年，在教育部的组织下，我国成立了现代远程教育标准化委员会，专门从事网络教育技术标准的制定和推广工作。

（3）网络环境下的学习支持。

教育技术在研究与实践中对于学生学习的支持给予了密切的关注，这种支持包括在信息技术背景下特别是网络环境下学生的学习活动、教学组织和教学评价等方面。工作在教育一线的广大教师，能够深切感受到教学中存在的问题，也只有他们才能根据实际情况结合理论知识来解决问题。教育技术工作者应该为广大教师提供各种解决实际教学问题的思路和方法，为学生的学习提供有力的支持。

（4）应用模式多样化。

不同的国家对教育技术的应用不是同一模式、同一要求，而是根据社会需求和具体条件的不同划分不同的应用层次，采用不同的应用模式。

目前在发达国家，教育技术的应用大体上有以下四种模式：基于传统教学媒体（以视听设备为主）的“常规模式”;基于多媒体计算机的“多媒体模式”；基于互联网的“网络模式”；基于计算机仿真技术的“虚拟现实模式”。

不论是我国还是发达国家，在目前或今后一段时间内，常规模式仍然是主要的教育技术应用模式,尤其在广大中小学校更是如此。在重视“常规模式”的同时，应加速发展“多媒体模式”和“网络模式”，这是教育技术发展的方向和未来。 而对于“虚拟现实模式”这种最新的教育技术应用模式,由于虚拟现实设备昂贵,目前还只是应用于少数高难度的军事、医疗、模拟训练等领域，但它有着非常令人鼓舞的美好前景。

（5）教育游戏普及化。

严肃游戏（serious game），电子游戏的一种。最初被定义为“以应用为目的的游戏”，具体来讲，是指以教授知识技巧、提供专业训练和模拟为主要内容的游戏。严肃游戏自 20 世纪 80 年代诞生以来，已经广泛应用于军事、医学、工业、教育、科研、培训等诸多领域。

教育是严肃游戏的一个重要应用领域。电脑专家利用游戏相关技术开发教育软件，让人们在玩游戏的过程中接受教育。史克威尔·艾尼克斯（Square Enix）公司首席运营官乙部一郎表示，希望借助拓展游戏开发领域，使游戏产业逐步为更广泛的社会群体所认同并成为新的主流媒体。严肃游戏将成为日后游戏产业拓展业务领域的重要手段，同时也能够使这一产业为更多的普通消费者所接受和认可。

第二章
教育技术前沿下的学

人工智能、大数据、云计算、物联网技术的快速发展，现代教育因其教育目的、内容、方法的极大丰富和多重组合，学习手段的多元选择，智能终端、移动互联网、虚拟现实等新兴技术的日趋完善为学习者提供了更多的选择，同时推进了学习方式的多样化，学习者迈向新学习时代。本章分析了个性化学习的内涵特征及个性化学习的类型，重点论述了协作学习的五个核心要素以及协作学习的基本模式，讨论了自适应学习的起源、定义、主要特征及发展措施，详细阐述了移动学习的发展以及何为泛在学习。

第一节　个性化学习

进入新世纪，促进学生的全面发展和自由个性化学习成为教育改革和发展的焦点。因此，我国教育部门迅速根据时代的变化制定新的课程标准，并且通过开设综合实践活动课程，努力引导和促进学习者建立一种新的学习方法，即通常所说的个性化的学习方法。同时，通过强化实践技能，加强信息技术教育，改革教材、考核和考试制度等措施，促进学生全面和谐发展。

一、个性化学习的内涵

个性化学习是人的个性发展的理想和目标，即通过教育充分发展和完善受教育者的个性。在现实中，根据受教育者的个性特点，采取有针对性的措施，是人类教育的基本要求。简言之，就是按个性进行教育。

美国心理学家曾对800人进行了30多年的跟踪研究，发现成功者成功的主要因素是非智力因素，其中自信心、意志力等个性因素为首要因素。我国心理学家的研究也发现，智力正常的青少年学生由于情感、意志、性格、动机、兴趣等个性因素的不同而产生不同的学习效果。在教育实际工作中我们也发现智力水平相同的人取得的学习成绩并不相同，说明个性特质对学习者的学业成绩有显著影响。

不可否认的是可以培育合格的社会主义建设者和接班人的学校是好学校，但最为理想的学校是能让所有的学习者都获得益处并提供终身学习的学校。网络时代为广大学习者的个性化学习提供了物质条件和学习平台，它不但改变了我国传统的学习内容、学习方式、学习目标以及教育要求等，而且学习者可以根据自身的学习需求和学习能力，自由地选择适合自己的学习方法和资料，根据自身的学习步调来实现个性化学习。个性化学习模式可以把学习者的潜力释放到最大，从而使其获得学习体验和效能感。个性化学习的含义主要可以概括为以下几个方面：

1. 个性化学习的基本前提是要具备尊重的氛围

学习者的心理特征有着各种各样的差异，这种差异主要源于先天遗传、后天的家庭和社会影响的不同。然而个体的差异不仅仅体现在个人学习能力、学习风格、学习方式等这些后天形成的因素中，还体现在学习者先天形成的智力类型等因素上。因此，只有在一个相对尊重的氛围中，人们才能充分地肯定学生个性化差异的客观存在性，才能避免在个人主观上将不同个性的学习者贴上孰优孰劣的标签。这样学习者才能更有安全感，才能不随波逐流，进而更加自信地展现自己的个性，也更加有决心进行个性化学习。

2. 个性化学习的主要形式是学习者的自主学习

个性化学习需要学生具有学习自主性和发展主动权。所谓自主性，是指在一定条件下，个人拥有支配和控制自己活动的能力和权利。正如学者科恩所说："自主权有两个尺度：第一个尺度主要是描述个人的生活环境和客观情况，能独立、自主、有意识、自主地控制生活；第二个尺度描述的是对主观现实来说，我们自己能够合理地利用选择权利，有明确目标，有毅力和坚韧不拔的进取心。”拥有自主能力的人能够认识并善于确定自己的目标，不仅能够成功地控制周围的环境，而且能够控制自己的冲动。学习者的学习不能一味地被客观环境所控制，更不能盲目地听从和服从，而是要根据自己的个性自主选择内容和形式以及学习方式和时间等。只有这样，学习者才能更好地实现自己的发展，比如自主选择做自己喜欢做的事情。

3. 个性化学习的支撑关键是同学之间的协作与教师的指导

不能将个性化学习等同于“独立学习”，二者之间是有本质区别的。独立学习将学生排除在学校的集体活动之外，也排除教师和同学之间的互动、合作等。个性化学习强调的是学生的主体作用，学生应该学会合理地管理自己的学习，同时也要清楚地认识到自身在个性发展过程中还存在不成熟，需要教师的指导。如果教师过分放任学生，让学生完全自主学习，大概率就会造成学生学习的无方向性。简言之，教师的指导在个性化学习中仍然十分重要，教师在学习观、学习动力、学习方法以及元认知策略等各个方面给予学生以适当的指导，个性化学习才能有效实现。此外，以个性需要和独立性为前提的学生之间的小组合作，甚至师生之间的互动学习，也是个性化学习的重要组成部分。综上所述，教师的指导和学生之间的互助合作，是学生个性化学习的良好补充，也是个性化学习的一个重要方面。

4. 追求学生的全面发展和个性发展是个性化学习的价值取向

个性化学习始终坚持“以人为本”的教育理念，尊重每个人的差异，并时刻关注学习者的情况，了解学习者个性化学习的需要与期待，鼓励学习者自觉提升学习的能动性；同时让学习者正确认识到自身的差异，并针对自身特点实施个性化的学习策略，最大限度发挥自身的学习潜力，最终实现个性化学习。个性化学习有着积极的学生观，追求学习者的全面和谐发展和个性发展是个性化学习的价值取向。

随着信息化、智能化社会的高速发展，教育教学的个性化模式和社会功能不断完善，人们关注的焦点逐渐变成在信息化时代教育如何更好地适应社会的发展和时代的需求。伴随着信息技术的发展和在教育领域应用的不断扩大，我国教育也逐渐呈现出新的发展趋势和特点。与此同时，信息技术的发展也极大地促进了人们教育观念的转变。多种多样的教育教学媒体和学习平台的相继出现和应用，为信息化时代下的个性化学习提供了可能，让人们可以自由选择学习的方式。个性化学习是一种全新的教育理念、思想和模式，其尊重学习者的主动性、创造性、独立性、合作性，具有很大的发展潜力。

“个性化学习”作为最近几年涌现出来的词，目前学术界对其还没有明确的定义。这主要是因为对“个性”一词的定义没有统一的看法。一般来说，个性就是独一无二。各学科都想做出完美的诠释，但是都没能如愿。哲学上的“个性”显然不能满足学生思想政治教育的需求；心理学从抽象人的角度，一般把个性描述为个体在社会实践中形成的带有某种倾向性的、本质的和比较稳定的心理特征的总和，主要表现为需要、动机、兴趣、信念、理想、能力、气质和世界观等方面，是一个多方面、多层次的统一整体。从“个性化学习”的产生过程来看，它是在教育实践中，作为“接受式”和“填鸭式”整齐划一的学习方式的对立面提出来的，是在与传统整齐划一教育的长期较量中逐渐形成的。

综上所述，本书将个性化学习定义为：学习者将自己置于学习的中心，根据自身的个性差异和发展潜力，采用自主、创新、探索、思考等方式使自身获得充分、自由、和谐发展的一种学习方式。

二、个性化学习的特征

1. 学习资源的多重属性

首先，在个性化学习中更加强调学习资源的学习性和完整性。学习资源的学习性要求学习内容必须符合学习者的心理特点，并且必须符合逻辑，使学习者能高效有序地学习。学习者能够在学习过程中获取一定经验和知识，形成一个与客观有机整体相一致的有机整体。学习资源最重要的特征是它在某种程度上是人性化的，本质上是为了促进学习者的学习。构成学习资源的要素之一是世界，它是由各种事物组成的有机整体：社会、人和自然。随着世界的发展，自然、社会和人相互融合，人形成个性，而个性又通过行为、道德、科学等体现出来。因此，个性化学习的要素主要由自然、社会和个人构成。这样，自然界中的一切事物、社会中的一切活动、个体的情感都融合在一起，形成了个性化的学习资源。此外，通过学习活动，学习者可以增加自我情感体验、储备知识等，从而不断积累学习资源，这也体现了学习资源的完整性。

其次，个性化学习除了注重以上所说的学习性和完整性，还应注重对学习资源的动态性及生成性的学习与运用。学习资源的动态性可以通过以下两点体现出来：其一，在构成个性化学习资源的各种要素中，实践性学习知识因长期处于频繁变化的社会发展之中，因此需要通过不断更新与迭代，从而形成全新的学习资源。其二，因学习层次范围以及水平存在差异，再加上社会环境的不断变化，学习资源也处于不断变化之中。个性化学习具有独特的开放性和灵活性，因此我们在个性化学习过程中，主要借助于社会、家庭、学校及网络等各种媒体来促进学习，具有一定的社会化属性，并不断推动学生学习观念的转变和学习行为的发展。以上提及的各种因素直接反映出学习资源的开放性和个性化学习的时空转换。

此外，个性化学习特别注重的就是学习资源的网络化。现代信息技术的快速发展，促进了知识的快速更新迭代，社会对学习资源的传播也提出了新的要求。如今，随着科技的飞速发展，个性化学习也具备了良好的硬件基础，可以为各类学习群体提供更加便捷的学习方法和途径。

2. 学习价值追求的多样性

学习者在接受教育的过程中，如果对学习知识缺乏全面、系统的认知意识，那么就会给身心健康带来许多负面影响。人类属于高级动物，有着丰富的情感意识、思想和独特的思维方式。因此，在个性化学习中，应注重人文教育方法的应用。

学习者通过个性化学习来实现知识的整合，将其中包含的价值、意义等内容结合起来，实现有效学习。学习者学习的主要目的是获取知识，在这个过程中，学习者可以从学习过程中体会到不同的学习乐趣，来展示自身的独特个性，缩小理想与现实的差距。在整个学习活动中，学习者通过学习不仅能提升自身的知识储备量，提升综合素质、涵养、世界观、价值观等，而且还能转变对学习的态度。因此，追求多样性是个性化学习的特征之一。

3. 学习风格的独特性

所谓学习风格就是学习者通过长期学习、总结而形成的一种独特的学习方法和观念。学习风格具有独特性和稳定性，影响学习风格的三个主要因素分别是社会因素、学习者的心理因素以及生理因素。心理因素主要是指学习者对社会事物的理解程度、对事物的情感体验和价值观等。生理因素主要是指学习者对学习的时间安排、周围事物对学习的物理刺激以及学习者自身对外界因素的承受能力等。每个学习者从小到大的学习成长环境各不相同，因此，个体在学习能力、价值观和情感体验等方面存在较大差异，从而形成了个性鲜明且独特的学习风格。学习者在获取知识过程中采用何种学习方式，如何安排学习进度和制定哪些学习目标以及获得什么样的情感价值等，都取决于学习者的个体差异。在现代化教育中学习者追求个性化学习，上述差异表现得更为明显。学习风格具有个性化、活动性两大特点，贯穿于整个学习过程，能对学生的学习方式以及结构产生深远影响。时代的进步、社会的发展为学习者的个性化学习提供了较大的发展空间和可能性。现阶段，个性化的学习风格不仅已经成为现代学习者学习的主要风格，还成为学习者通过个性化学习展现自身价值的途径。

4. 学习过程的终身性

在现代社会，知识更新得非常快，终身学习已成为社会潮流，是推动社会发展的重要因素，停止学习只会与社会脱节、被社会淘汰。在浩瀚广阔的知识海洋中，通过选择适合自身特点的学习方式，比如个性化的学习方式，学习者可以深刻领略知识的魅力。在个性化学习中，学习过程的终身性主要可以从以下几个方面来理解：首先，人生不同的发展阶段也是不同的学习阶段，人的生命可以通过学习来体现，而人生价值的实现便是通过个性化学习的形成和发展来体现的。其次，只有具备个性化，才能进行创作，从而有所发展。个性化学习也是随着生命的发展而不断发展的，即终身学习。最后，自由发展、全面发展等个人追求的最终目标是个性化发展。

精神要素主要由个体的自主性和能动性等内容构成，并非由外界刺激形成,这也说明,无论何种方式的学习都属于主动性学习。积极主动的、富有意义的学习行为，将激发学习者个体的潜能，并以学习成果的形式展现出来。而且，这种学习方式可以促进学习者综合素质的提高。个性化学习方式是建立在自主构建的基础之上，从学习者的角度出发，促进学习者学习能力的提高，并展示学习者特点的学习方式。从教师和学生的角度来看,个性化学习其实就是一个知识的共享过程。在个性化学习中，对自主、合作与探究的推崇，体现出对学习者个体本性的尊重。这种学习方式更是和我国教育改革发展的目标相一致的。

在确立个性化发展的教育理念时，需要根据教育实际效果来探索和经验总结，并在对教育理念深入研究的基础上加以阐明。一是通过充分利用现有的社会以及自然资源来发挥出社会以及自然资源的最大价值。特别是要加强对信息化课程资源的利用，为学习者的个性化学习提供便利。二是更进一步提高现代信息技术在社会培训、学校教学中的应用，改变传统的培训学习、教育教学方式，促进学习者学习方式的转变，提高学习效率，为学习者实现个性化学习提供必要的技术支撑。三是教师不仅需要及时转变教学理念和教学方式，还要提高对学习者学习素质方面的兴趣，加强对学习者个性化学习的培养力度。另外，个性化学习成功的关键在于学习者。对教师来说，需要主动把个性化学习理念向学习者传达、普及，并直接通过课堂教学的方式呈现出来。比如：认可及正确引导学习者的个性化学习。对学习者来说，学习知识也是形成个性化学习的必经之路。四是制定个性化学习方式时，需结合学习进度、外界因素以及评价方式等内容，如此才能确保学习方式和实践的无缝对接。

三、个性化学习的类型

1. 个别指导的学习模式

个别指导学习（individually guided instruction）的一个显著特点是确定适当的学习目标，其中既有固定的学习目标，也有变化的学习目标，这些目标由学生、家长、学校管理人员以及教师共同商定。个别指导学习的最终评价指标也会根据实际的需要来制定，可以根据学生的个性需要来灵活调整学习的内容、形式和途径等。学生可以实施自己的学习方案，在班级开展自己独特的学习活动，并及时反馈个性化的学习信息。

个别指导的学习模式注重从每个学生的认知特点出发，对学生进行有针对性的学习指导，这与我们一直所提倡的“因材施教”的学习方式是一致的。正如我们在学习中提倡的，最好的不一定是适合自己的，适合的才是最好的。

在提供个别化学习指导时，一定要关注学习者的学习习惯、智力、性别差异、性格特点、接受能力等因素，通过综合学习者的各种因素后，针对每个学习者不同的情况提出不同的学习方案。只有这样才能针对每个学习个体作出更准确的个别指导，才能达到预期的学习效果。例如，在学习中，很多学习者属于不同的学习类型，有的是外向型学习者，有的是内向型学习者，有的是单向型学习者，有的是双向型学习者，更有的是多向型学习者。针对不同的学习者一定要实事求是，采取不同的学习方式，有针对性地对学习者存在的学习问题进行个别指导。

2. 凯勒的个性化学习模式

凯勒的个性化学习模式是借助个性化学习系统（personalized system instruction）来实现的。个性化学习系统把个性化学习分解为许多个小的单元，强调学习者在学习过程中的自身责任。凯勒的个性化学习模式的主要步骤为：在每个学习单元开始的时候，教师首先介绍该单元的学习方法，通过各种方式来激励学生的学习动机；其次为学生讲述该单元的学习指南，学生按照指南自定学习的步调，自学教材，自选学习的地点和时间；最后学习结束后需要进行自我评价，通过评价找到自己的不足，反馈到自我学习中，用以改进个性化学习。最重要的是学生只有通过该单元的所有考试，才有资格进入下一个单元的学习，相反，则需要继续学习该单元的知识，直到通过考试。

凯勒的个性化学习模式与传统的教学模式有很大的不同。主要体现在以下四个方面：

第一，在教育教学中，教师的主要作用是激发学生的学习动机和学习兴趣。在凯勒的个性化学习模式中，教师大多时候只扮演“辅导者”的角色。在实施凯勒计划过程中，安排有少量的教师讲课和师生讨论，但是主要的目的不是向学习者讲授教学内容，而是激发学习者的学习动机和学习兴趣。

第二，在学习目标的设定上，尽量让所有学生掌握每个单元的学习内容。凯勒个性化学习模式对学习者达到单元目标的要求是极为严格的，要求达到“尽善尽美（Perfection）”的程度。

第三，学习者自己控制学习速度、学习时间、学习内容、学习进度。凯勒个性化学习模式认为，学习者与学习者之间在学习能力、学习速度和学习时间安排等方面均有很大的差异。学习能力较强的学习者学习速度快，所需要的学习时间就少；而学习能力较弱的学习者学习速度较慢，必须花费较多的时间才能达到学习要求和学习目标。因此，无视学习者之间的差异，给学生安排统一的学习时间，学得快的学习者不能继续前进，而学得慢的学生又不能花更多的时间，这样就会挫伤学习者的积极性。

第四，设置充当教师助手的“教师助理”。由于在个性化学习模式中需要大量的教师，就会造成教师人手不够。在这种情况下，有必要设置一些“教师助理”。教师助理的作用就在于协助教师个别指导学习者的学习，解答学习者提出的各种问题，承担单元测验的评分任务，对学习者的学习进行及时反馈和矫正，详细记录每个学习者的学习进度，并经常向教师报告学习者的学习情况。通常情况下，教师助理多为熟悉本学科的高年级学生或者熟悉本学科的助教。

3. 分层 / 分组个性化学习模式

在对学习进行分组和分层时，必须关注学习者在个性化学习中的具体情况。分层 / 分组个性化学习模式根据每个学生的实际需求，针对每个学生的个性特点和心理倾向以及每个学生的知识基础和对新知识的接受能力，来设计不同层次的学习目标，在有限的时间和空间范围内，让所有的学生都可以在原有的基础上学有所得，发展个人的特长，扬长避短。分层学习的主渠道是在学生学习的课堂上，综合学生的学习成绩、平时表现、临时测验及一贯表现等因素后进行划分，可以划分为高、中、低三个层次或者若干个学习互助小组，按照学习大纲视学生的不同情况实施不同要求的学习。

分层 / 分组学习是学习的一种方式、一种策略。在分层 / 分组学习的情况下，教师应该主动转变教学观念，学生也应转变学习观念，同时要充分发挥小组在课堂上的引导作用。具体来讲，一方面，按照学生的学习基础、能力差异分成若干层次并进行有效结合，设定不同的教学内容、教学目标和评价标准来实施教学，以最大限度调动学生的学习积极性，使学生在教学过程中发挥主体性作用，科学地完成学习任务，使每个学生在各自的基础上得到最大限度的发展；另一方面，充分强调教师要适应学生的学，学生是有个性差异的，不能牺牲一部分人的发展来换取另一部分人的发展，学生的个体差异是一种宝贵的可供开发的教育资源。它的核心是面向全体学生，正视学生的个体差异，针对学生的“最近发展区”,实施分层 / 分组教学。具体来说,在对学生进行分层 / 分组学习时，要做到授课分层、学习主体分层、备课分层、测试分层、辅导分层、评价分层。总而言之，教师要根据不同学生的具体情况来分组、分层，进而达到更好的分层 / 分组学习的效果。

4. 计算机辅助学习模式

计算机辅助学习（computer aided learning）模式是指利用计算机软件、

硬件支持学习者学习知识以及获得技能的过程和系统。主要包括计算机辅助教学、计算机过程模拟训练等，可用于教学与实验、生产技术操作培训和军事技术训练等。

计算机辅助学习模式是当今信息技术飞速发展的产物，主要面向学习者的多样化需求，将计算机应用于各种各样的学习领域。计算机学习环境拥有丰富的信息资源、频繁的人机交换以及便捷的信息传输等优势，为个性化学习创造了一片广阔的新天地。学习者可以充分利用计算机网络上丰富的学习资源，按照自身的需要来选择所要学习的内容，自定学习的步调，并可以及时获得计算机辅助学习效果的反馈数据。尤其是个性化的网络学习环境可以为学习者提供虚拟学习时空转换的可能性，学习的进度和效度也可以随时自我掌握；可以进行时段学习，在家就可以单独和全球各类优秀大学的学术大咖、专家教授通过数据互传技术实现“面对面”的交流学习。基于计算机网络技术的个性化学习强调学习与技术的融合性，使技术辅助与学习目标和学习内容相一致。

具体来看，计算机辅助学习主要采用计算机虚拟现实技术，通过逼真模拟教师指导学生学习全过程。在程序设计方面，采用图像、文字、动画、声音、视频等多媒体资源进行学习，采用对话形式、声音传递方式、直观图像传达方式和视频直接传送方式辅助学习者达到预期学习效果。

第二节　协作学习

一、协作学习的定义

协作学习是学习者为达到共同的学习目标，以小组形式参与，按照特定的激励机制最大化个人和他人的习得成果而合作互助的一切相关行为。人们也常提到合作学习，协作学习和合作学习的主要区别在于交互影响的平等性和相互性。合作学习虽然交互影响的平等性高，但是影响的相互性却很低，因为合作学习是每个小组成员各自完成一部分任务，合并在一起成为最终成果，这样成员之间的沟通交流就很少。而协作学习交互影响的平等性和相互性都很高。

协作学习的核心思想就是以小组的形式去共同完成某一特定任务，它是以建构主义学习理论和人本主义学习理论作为理论基础的。在协作学习中，学习者借助他人（教师和学友）的帮助，实现学习者之间的双向互动，并利用必要的共享学习资料，进行意义建构以掌握事物的性质、规律以及事物之间的内在联系。小组协作活动中的个体（学生）可以将其在学习过程中探索、发现的信息和学习材料与小组中的其他成员共享，甚至可以同其他组或全班同学共享。在此过程中，学生之间为了达到小组学习目标，个体之间可以采用对话、商讨、争论等形式对问题进行充分论证，以期获得达到学习目标的最佳途径。学生学习中的协作活动有利于发展学生个体的思维能力、增强学生个体之间的沟通能力以及提高对学生个体之间差异的包容能力。此外，协作学习对提高学生的学业成绩，形成学生的批判性思维与创新性思维、培养对待学习内容与学校的乐观态度，提高小组个体之间及其与社会成员的交流沟通能力、加强自尊心与个体间相互尊重关系的处理能力等都有明显的积极作用。协作学习强调学习者的创造性、自主性和互动性，可以采用的策略有小组分工、小组游戏竞赛、共同学习、小组调查等。

二、协作学习的五个核心要素

大卫·约翰逊曾指出协作学习涉及五个基本要素：积极的相互依赖、个体责任、小组自加工、社交技能和面对面的促进性交互，五个要素缺一不可。当然，计算机支持的协作学习不一定是面对面的交互，也包括基于网络的交互。计算机支持协作学习（Computer-Supported Collaborative Learning，简称 CSCL）是指利用计算机技术（尤其是多媒体和网络技术）来辅助和支持协作学习。CSCL 是协作学习与计算机教育应用相结合的产物，主要研究人们如何在计算机的帮助下共同学习。计算机支持协作学习成为近年来国际教育技术研究的热点与实践领域。

协作学习五个要素中的第一个要素是积极的相互依赖（又称积极互

赖）。积极互赖意味着小组成员不仅需要对自己负责，同时还要对小组其他成员负责，因此小组成员之间的关系是“同沉同浮、荣辱与共”。积极互赖包括目标互赖、任务互赖、角色互赖、资源互赖和奖励互赖。所谓目标互赖指的是只有当每个小组成员实现既定的目标时，小组的共同目标才能实现。因此，整个小组有一个共同的目标，如共同完成一个项目方案，或者解决一个问题等。通过建立小组目标、小组标识等方式都可以增强小组成员的集体归属感，进而促进目标互赖。任务互赖则强调各个子任务之间具有一定的逻辑关系和很强的依赖关系。由于协作学习的任务通常是复杂和非良构的任务，因此要确保这些子任务之间的互赖关系。角色互赖指的是各个角色之间互相补充、互相制约，并具有强依赖关系。角色的分配要依据协作学习的任务而定，不同的任务可以分配不同类型的角色。常见的协作学习的角色包括搜索员、记录员、检测员、美工、总结者、解释者、协调者等。资源互赖指的是每个小组成员拥有部分资源，这些资源之间相互补充。

总之，以上五方面的互赖都有助于促进积极的相互依赖。个体责任、小组自加工、社交技能是协作学习五个要素中次重要的三个要素，但也是缺一不可的。例如个体责任，如果个体责任不明确，就会出现“搭便车”的现象。因此，可以通过制定小组活动规则和个人绩效评估标准来明确个体责任，因为协作学习也离不开个体学习。小组自加工则强调对小组过程性的监控，如反思小组的作品是否达到预期目标、小组整体的协作学习进程如何、协作学习的目标是否实现、每个成员及小组整体的绩效如何等。通过这些反思可以提高协作学习的绩效。另外，研究者开发了一些知识知觉的工具，能够可视化小组成员已经掌握的知识，这样小组成员可以感知到每个人最新的知识技能以及小组协同知识建构的过程。社交技能对于协作学习也是非常必要的，良好的社交技能能够促进形成和谐的协作学习氛围。此外，小组成员的顺畅沟通和交流也能够提高成员之间的凝聚力和集体效能感。

还有一个比较重要的要素就是交互。协作学习是小组成员协调与解决问题，以及相关的认知、元认知、情感、态度、价值观达成共识的过程。在这里交互就是核心，是促进实现协作学习的必要手段。协作学习的研究者和实践者开发了各种支持小组成员同步或者异步交互的工具，以促进小组成员最大限度地进行交互。例如，通过创造一些共享空间支持小组成员协同绘制概念图、协同写作、协同拼图、协同玩游戏等，而目前很多的即时通信工具都有信息、文档、屏幕、软件共享等功能，这无疑为促进小组成员的交互提供了便利。

三、协作学习的基本模式

协作学习的基本模式主要有七种，分别是竞争、辩论、合作、问题解决、伙伴、设计和角色扮演。

1. 竞争

竞争主要是两个或两个以上的协作者参与日常学习过程，并有辅导教师参加。辅导教师根据学习目标与学习内容对学习任务进行分解，由不同的学习者“单独”完成，看谁完成得最好最快。辅导教师对学习者的任务完成情况进行评价，其他学习者也可以对其发表意见。每个任务的完成意味着整个任务的完成。竞争模式有利于激发学生的学习积极性和主动性，但是容易造成因竞争而导致协作难以进行的结果。因此，先明确学习者的任务对于保证学习者在竞争与合作中完成学习任务这一总体目标具有重要意义。

2. 辩论

所谓辩论是指通过给定的主题，学习者以虚拟图书馆和互联网为载体查询相关信息资料来支撑自己的观点，指导教师或中立组对他们的观点进行甄别，选出正方与反方，然后双方围绕主题展开讨论。辩论的进行可以由对立的双方各自阐述自己的观点，然后根据对方的观点进行辩驳，最后由中立者对双方的观点进行裁决，观点论证充分的一方获胜；也可以不确定正反双方，而是由不同小组或成员叙述自己的观点，然后相互之间展开辩论，最终能说服各方的小组或成员获胜。辩论可在组内进行，也可在组间进行。辩论模式有利于培养学生的批判性思维。

3. 合作

合作是由多个协作者共同完成某个共同的学习任务或目标，在任务完成或目标实现过程中，各协作者之间相互配合、相互帮助、相互促进，或者根据学习任务的性质进行分工协作。不同协作者对任务的理解及其观点不完全一样，各种观点之间可以互相补充，从而圆满完成学习任务和目标。

4. 问题解决

问题解决模式首先需要确定问题。问题的种类多种多样，其来源也各不相同。一般根据学生所学学科与其兴趣确定。问题解决过程中可以采取多种方式，如竞争、合作、辩论等。问题解决过程中，协作者需要借助虚拟图书馆或互联网查阅资料，为问题解决提供材料与依据。问题解决的最终成果可以是报告、展示或论文，也可以通过汇报的形式。问题解决是协作学习的一种综合性学习模式，它对于培养学生的各种高级认知和问题解决能力具有明显的作用。

5. 伙伴

协作者之间为了完成某项学习任务而结成伙伴关系。伙伴之间可以对共同关心的问题展开讨论与协商，并从对方那里获得问题解决的思路与灵感。学习伙伴之间的关系一般比较融洽，但也可能会因为某个问题的解决产生争论，并在争论中达成共识，进而促进问题的解决。协作学习的伙伴可以是学生，也可以由计算机充当。由计算机充当学习伙伴需要人工智能的支持，即根据一定的策略，由计算机模拟的学习伙伴对学习者的学习状态进行判断，对学习者提出问题或为问题提供答案。智能化程度高的协作学习系统可以具有多种不同类型的虚拟学习伙伴，学习者可以自由选择或由计算机根据学习者的特征动态确定学习伙伴。

6. 设计

设计主要是指基于学习者综合能力培养和面向过程的协作学习模式。由指导教师给定设计主题，该主题强调学习者对相关知识的运用能力，如问题解决过程设计、科学实验设计、基于知识的创新设计等。在设计主题的解决过程中，学习者充分运用已掌握的知识，相互之间进行分工、协作，共同完成设计主题。要求指导教师及时发现并总结学习者的新思想和新思路，进而提高学习者对知识的综合运用能力。

7. 角色扮演

角色扮演是让不同学生分别扮演指导者和学习者的角色，由学习者解答问题，指导者对学习者的解答进行判别和分析。如果学习者在解答问题过程中遇到困难，则由指导者帮助学习者解决。在学习过程中，他们所扮演的角色可以互相转换。通过角色扮演，学习者对问题的理解将会有全新的体会。角色扮演的成功将会增加学习者的成就感和责任感，并激发学习者掌握知识的兴趣。

协作学习已经成为跨越各个年级、课程内容和学习层次的主要学习方式，在这种方式下，学生感受到同学之间不再是竞争的对手，而是促进学习的帮助者。协作学习使得学生的学习活动更加生动活泼、丰富多彩。皮亚杰指出，协作学习是学习者认知发展建构的一种主要方式。皮亚杰的理论同其他流行的学习理论在强调协作重要性方面是一致的（Vygotsky，1978；Fox & Karen，Thomas & Funaro，1990）。皮亚杰认为不同个体之间的相互作用活动应该是平等的，如成人与儿童之间、教师与学生之间的活动。开始时学生的活动可能是受控制的，但当他们具备了一定的背景知识后，与成人或教师之间的平等协商、对话、讨论将更有利于他们形成良好的认知结构并加深对认知内容的认识。

四、协作学习的交互

1. 协作学习交互的理论基础

对于协作学习的交互，不同的学者持有不同的看法。归纳起来，主要有两种最为经典的取向，一种是从认知细化的观点研究交互，另一种是从认知发展的观点审视交互。认知细化的取向认为，同伴的交互主要是对信息进行加工的过程，包括对信息的编码、细化，激活已有的图式、回忆、元认知和提取信息的过程。在交互过程中，同伴的会话，特别是提问、解释等都会促进学习者对信息的深度加工。因此，个体在协作学习的过程中能够获取知识、提升技能。第二种观点则从认知发展的视角审视交互。典型代表是皮亚杰的认知发展理论和维果斯基的社会文化发展理论。这两种理论都属于建构主义的理论取向，即强调学习者通过对已有知识、经验和新知识、经验的相互联系建构新知识、创建新意义。但是皮亚杰的认知发展理论强调新的认知结构的形成主要通过个体与环境的交互而形成，其中同化和顺应是两种主要的认知机制，最重要的顺应时机来自交互。维果斯基却认为学习首先发生在主体间的社会交互中，然后才能内化为个体的内部心理过程。因此，他强调人的心理机能产生于人与人之间的社会交互之中。可见，交互对于促进学习的发生、促进人的心理和认知发展的重要性。

2. 协作学习的交互

协作学习领域的一个核心问题就是为什么一些小组比另一些小组更成功。研究者从不同的角度对这一关键问题进行探索。大多数研究者都倾向于关注个人特征（如个人已有知识、学习风格、性别等）、小组特征（如小组规模、小组知识水平、小组聚合力等）、协作学习环境（如基于移动设备的协作学习环境、基于网络的协作学习共享环境等）、交互策略（如切块拼接、角色分配等）等对协作学习绩效的影响。近年来的研究取向表明，研究者越来越关注协作学习的交互过程。交互的一般意义是指相互作用。从传播学的角度看，交互是传者与受者双方的信息交流。我们认为交互是多个主体之间的以言语和非言语为中介的实时的信息交流。协作学习的代表人物皮埃尔·狄隆伯格曾指出不应该泛泛地研究协作，而应该深入研究交互的发生机制，交互是理解协作学习本质的关键。

协作学习的交互包括面对面的交互和基于网络环境的交互。面对面的交互指多人面对面实时同地交互，“你见即我见”“我见即你见”。面对面的交互有言语和非言语线索，如语调、重音、眼神、手势、表情等，言语是通过显性或者隐性的参照有顺序地排列的。而基于网络环境的交互则包括同步交互和异步交互，而且非言语的信息包括眼神、手势等，在网络环境下无法直接感知。虽然目前的网络环境可以允许发送表情，但是毕竟不如面对面那样真切。事实上，这两种交互类型在教学过程中可以交叉综合使用，即根据教学目的、教学内容、教学情境等综合考虑选用哪种更加合适。而要促进学习者之间的交互离不开对协作学习任务、交互策略、环境、资源、评价等整个活动的整体设计，还有对学习者动机的激发和维持。

第三节 自适应学习

一、自适应学习的起源

目前自适应学习在我国还处于启蒙状态，少有人知，但是美国对自适应学习的研究已经非常成熟了，大量的研究与实践已经证明自适应学习非常有效。其实早在 20 世纪 90 年代，卡内基梅隆大学就已开发出了自适应学习技术的前驱，称为智能导师系统（Intelligent Tutor System）。这个系统已经有几百万学习者使用过，事实证明非常有效。2008 年，美国的 Knewton 公司成立。Knewton 公司并不是第一家做自适应学习的，但它是第一家把自适应学习做到大规模运营化应用的。这里其实有一个根本性的原因，就是科技上的成熟，特别是大数据、云计算和人工智能技术的成熟。这些技术的出现，让系统可以在很短的时间内，例如一秒钟内，算出每个学习者下一步的学习路径是什么，这在 20 世纪 90 年代是不可想象的。

从 2008 年开始，美国的教育机构、出版社和教育企业进行了一系列的融资和并购。例如，美国教育培训公司 Plank 就收购了一家自适应考试辅导公司，很多教育出版社和出版商也开始大规模地融资和并购。自适应学习系统在美国很快就迎来拐点，被广泛地应用于日常学习。

二、自适应学习的定义

随着教育者对个性化学习的要求不断增强，“自适应学习”这个术语在教育科技圈子里被经常提及，越来越多的产品声称具备“自适应学习”能力，这个术语已经出现一定程度的模糊性。那么，自适应学习到底是什么呢？学术界又是如何进行定义的呢？

事实上，“自适应学习”这一概念最早由美国学者彼得·布鲁希洛夫斯基提出，他认为，自适应学习系统收集学生在学习过程中与系统交互的数据，创建学习者模型，克服以往教育中体现的“无显著差异”问题。美国教育部教育信息化办公室（U. S. Department of Education，Office of Educational Technology）提出，“可以根据学习者在课程过程中反馈回来的信息，动态地转变内容及内容呈现方式、学习策略等”。这些定义强调自适应学习系统自适应的实现主要是通过收集实时交互数据，并对这些数据解析后提供个性化的服务。自适应是基于数据收集和解析的。

对于自适应学习的定义，国内与国外有一定差异。例如，国内学者徐鹏和王以宁对自适应学习的定义为：“针对个体学习过程中的差异而提供适合个体特征的学习支持的学习系统。”黄伯平、赵蔚和余延冬等则从“连通性、内容、文化”三个层面阐述自适应的定义。

自适应学习平台是一种通过解析收集到的学生实时交互数据，进而引导学生学习的学习系统，可在特定的时刻为特定的学生提供特定的知识。

可以看出，国内的定义相对来说较简洁，强调自适应学习系统能为学生提供个性化学习服务，其实现途径是通过对学习者学习行为、学习风格、认知水平等基于学习者自身背景因素相关数据的综合分析。

但总体来说，二者都强调计算机系统通过一系列学习分析技术帮助学习者实现个性化学习。自适应学习系统通过技术手段检测学生目前的学习水平和状态，并且就此不断地调节学生的学习过程和学习路径。这里涉及数据科学、教育统计学、学习科学、机器学习等领域的最新技术。

因而，由这些定义可知，任何一个自适应学习模式都至少有以下三个基本的组成部分。

一是知识领域模型。首先将学习内容按设计好的知识图谱放到系统里，系统并不知道学生要学习什么，因此须告诉系统学习的内容。

二是学习者模型。软件系统记录学生的基本状况、学习目标、学习风格、知识状态、学习经历等各种个人信息，并且通过实时不间断地测评，不断调整学生在每个知识点的水平。如果无法建立有效的学习者模型，就不能依据学习者的特征实现学习的适应性。

三是教学模型。软件系统依据学生在每个知识点的能力水平，匹配并且找出最适合学生下一步学习的内容。

综上所述，本书认为自适应学习是指在对学习者进行即时、精准学情分析的基础上，不断地依据学习者的具体情况、学习风格、学习需求等，通过学习平台向学习者推送适合的学习资源，以适应学习者的学习状态。

三、自适应学习的主要特征

（1）基于知识资源的学习。能够适应并且依据每个学习者的需要和情况进行不同的组合，也就是学习材料的组织和呈现与个别学习者特征相适应，整个学习过程是自由探索以及与他人协同学习的过程。

（2）学生开展自主学习。学生可以借助自适应学习系统自我组织、制订、执行学习计划，并且控制整个学习过程，对学习进行自我评价，学习过程受本人支配，学生对自己的学习完全负责。教师只是学习的指导者、建议者，而不是学习过程的主宰者。教师的主要工作是教学目标的规划，学习的辅导和咨询，教学资源的组织和编译，学习环境的创设与维护。

（3）自我教育。学生通过在自适应学习环境中的主动探索和交互来形成自己的学习方案，并就此进行有效的学习，而不是主要通过教师的讲授或者操练与练习来被动地学习。学生在学习环境中自主学习，不仅要学会所学的知识，更重要的是掌握学习的方法，也就是要进行元认知技能的训练，提高知识的使用能力及与他人协作的能力。

（4）以个体化、人性化为核心特征。对个别学生来说，学习过程完全是个性化的，包含学习的进程、探索知识空间的路径、学习过程中所得到的反馈信息等。自适应学习中，学习者是一个拥有独特个性的个体，而不是一个完全同步的群体中没有个性的一分子，其个性在学习过程中得到全面的体现（学习过程中，学习者对学习环境中的提示和反馈进行自我评估和自主选择，而不是由学习环境来控制学习过程）。通俗地说，学生所学的知识和能力是自己定做的产品，而不是教学工业生产线制造的统一标准化的产品。

（5）学习需要得到快速的反馈。除了自身的测试练习的反馈，还包含指导教师和学习同伴之间的反馈。自适应学习模式是一种自主的、个性化的学习，但它不是一种完全隔离孤立的学习，需要学习环境中有组织良好的反馈系统，以帮助学生作出自主决策。学生之间的交流与讨论是必不可少的，这能够让学生从不同角度去认识所学的知识，丰富自己的认知结构，进行协作，对学习的情感、态度等方面也有良好的促进作用。

（6）高级的数字化科技以及智能科技的支持。自适应学习对学习环境的要求可以归纳为：丰富的媒体表现形式、良好的适应性、敏感的反馈系统、便捷快速的通信，这必然要求在学习环境中广泛应用多媒体、人工智能、网络通信等技术手段。

过去的经验告诉我们，学习中很重要的一点就是尽可能多地做练习题目。可是我们同样知道，一遍又一遍地做相同或者类似的练习并不能提升分数。自适应学习模式最重要的是能基于精准的诊断系统和学习行为数据，系统分析学生的个体因素，就此以一种最简单的技术直接引导不同类型的学习者到“最适合”的链接路径，并动态调整给出一个适应性的链接清单。

在传统的学习方式中，学习者通常都是以一种被动执行的方式完成学习过程的，这或者和教师们最常用的任务教学法密切相关。学习者在完成教师布置的全部任务后就潜意识地认为学习进程已结束。可是这个过程并没有体现出学习者的自我能动性和对自我的评价与完善。自适应学习模式通过丰富的媒体表现形式、良好的个人适应性、敏感的反馈系统、便捷快速的通信等技术手段，帮助学生在学习过程中动态及时地完成自我评价，同时根据评价结果制订有针对性的学习计划，并且系统会帮助学习者完成整个学习过程。

四、自适应学习的发展措施

当前，自适应学习的发展还处于初级阶段，还有很长的路要走。在涉及通过获取学习者的学习行为数据，了解他们的强项和弱点，提供有针对性的辅导等方面，就算是世界上最好的人工智能，也还不能具备类似人类教师的经验与能力，同时还面临着学习数据少、知识资源缺乏、知识颗粒粗、响应速度慢、判断不精准、动态化追踪差等很多问题。从现在来看，如果自适应学习充分发挥其支持教学和学习的潜力，有些成分必须存在。下面讨论其中九个重要的发展措施。

1. 制定明确的教育目标

自适应学习十分受欢迎，但并不意味着每个人都能正确运用。迈向成功实施的第一步是制定明确的教育目标，并将该目标与如何实现这些目标的工具联系起来。如果这些方面有冲突，采购的自适应学习工具将很可能被当作石头闲置不用。最佳的自适应学习要包括教师和技术两方面，教师运用专业知识和教学方法协调地采用自适应学习工具时，将会产生最成功的教师与技术合作案例。由于真正的学习是个人化和社会性的，教师在激发学生参与和上进，以及在更开放的内容领域进行学习辅导等方面发挥着关键作用。而自适应工具可以像一个随时存在的教学助理，时刻为学生提供指导，同时捕获信息。这是教师很难做到的。因此，只有教师与系统共同努力，才能创造最佳的学习效果。

2. 提升数据的精确度

自适应工具能收集大量数据，但数据只有被理解和应用于行动时才有用。因此，自适应工具需要能够优先考虑收集的数据，以及如何以对教育者友好的方式呈现。此外，许多教育者使用多种产品，特别是在 K-12

教育中，为了使学习数据在多个产品中具有价值，需要根据一组通用的数据标准进行校正。

3. 验证自适应学习存在的多种可能性

自适应学习有很多可能性，也有很多方面需要改进。例如，学生的最佳成绩最合适的变化幅度是多少？自适应学习对学生获取知识的能力有什么影响？自适应学习依据学生表现动态创建的哪些学习路径让学习更高效？通常，人们的意见是倾向于更多、更好，但仍有很多方面需要测试和验证，然后最终说明这是事实，是正确的。

4. 进一步完善学习者模型

因为学习行为理论、心理学理论等应用不足，现今存在的自适应学习系统中的学习者模型可能构建得不完善。有些系统只考虑了认知水平，忽略了学习风格；有些系统则只考虑了学习风格，忽略了认知水平；另外，有的系统虽然考虑到了学习风格模型，可是涉及的因素不完备，如TANGOW 系统选用了 Felder-Silverman 学习风格模型推断用户的学习风格，可是仅考虑了“感觉、直觉”与“综合、序列”两组维度，非常重要的“视觉、言语”与“抽象、具体”两大维度没有加入进来。

5. 增强对学习者学习风格分析的准确性

多数系统根据学习风格量表测定学习风格。可是这样做通常会出现一些状况，如学生不去参加测试，那么就不能正确判定出学生的学习风格；另外，就算学生参与了测试，也存在一些主观臆断，很难符合真实的学习风格。

6. 提升内容推荐的精确度

由于多数系统都选用单一的个性化推荐技术，系统向用户推送适应性的学习对象与学习活动序列的精确度不高，因此容易出现“稀疏性”“个性化程度低”等问题。与自适应学习系统优化最相关的是优化目标的确定，也就是“掌握程度（Mastery）”的概念。这个概念是一个朴素的、非严格数学意义上定义的概念，基本认同的是，最根本的“掌握程度”认定，需要教师与实证实验的紧密结合——而这不像“点击率”那么直观、方便，因此这有两个判断：其一，自适应学习的迭代优化一定是一个缓慢的过程；其二，目前大多数国内的系统都没有经历充分的优化过程。

7. 共享与统一内容资源和学习数据

视频、题目等资源尚且不足，更何况实时学习。自适应学习的发展呈现出各自为阵、信息分散的局面。多数系统都是孤军奋战，在学习者模型、领域模型、资源建设等事项上没有遵照统一的标准构建，结果是资源无法有效地实现共享。

8. 强化知识模型

对不同类型知识的特征认识不足。知识作为一种特殊的信息，具备众多的附加特征。换句话说，某种信息若是越多增加某种特征的烙印，就越接近知识。目前基于课程设计的进展与要求，很多时候是把孩子的发现能力与知识建构过程当作教育目标，无法确认知识点与知识图谱是否可以完备地描述这种学习过程。因此，也不太确定在这种课程与学习架构下，自适应学习应当怎样设计。目前，这种架构的课程体系与学习本身还非常不成熟，更何况一个可以相互促进的计算机自适应系统。但未来会有更多人集中精力投入到这个方向。

9. 增强自适应动态调整能力

在学习过程中如何分析收集的各类变量，如何预判，如何推荐，算法不应是固定唯一的，也不应是一成不变的。许多自适应产品都不是在用户学习的过程中动态适配的，而是只在学习者入学时一次性打上标签：年龄、学历、知识基础、性格、心理状态、家庭、学习目标、学习习惯、学习意愿等，并且通过入学测试一次性判断学前各维度能力、知识基础等。

第四节　移动学习

一、移动学习的定义

移动学习（m-Learning）是一种新的学习方式，它是在远程学习、电子学习之后发展起来的。移动学习的研究始于美国加州大学伯克利分校

（UC Berkeley）的人机交互研究室2000年启动的名为“Mobile Education”的项目，该项目推出后不久就由著名国际远程教育专家德斯蒙德·基更引入我国。此后，移动学习逐渐成了国内诸多学者以及各大移动通信商关注的焦点，经过多年的理论研究和实践探索，移动学习已经成为企业、教育及其他相关领域的研究热点。

目前，对移动学习的定义并没有明确的界定，领域内的专家学者各抒已见，从不同的角度去理解和阐述移动学习。黄荣怀教授通过对移动学习相关定义的梳理，将移动学习的概念大致分为三类：一是以技术为中心的移动学习定义，强调移动学习的技术特征；二是与数字化学习（e-Learning）相关的移动学习定义，认为移动学习是数字化学习（e-Learning）的扩展；三是基于学习活动的移动学习定义，认为任何教与学的活动都可以通过移动设备进行传递。

以技术为中心的观点认为移动学习是一种在移动计算设备帮助下，能够在任何时间、任何地点发生的学习。移动学习所使用的移动计算设备必须能够有效地呈现学习内容并且提供教师与学习者之间的双向交流。与e-Learning相关的观点认为移动学习（m-Learning）是远程学习（d-Learning）和数字化学习（e-Learning）发展过程中新的发展阶段。在基于学习活动的观点下，移动学习被看作通过移动终端传递学习资源的学习活动，是充分利用移动技术的优势进行社会化、情境化和个性化学习的过程，是学习者通过移动技术持续发生交互的学习。

综上所述，移动学习是学习者为了满足自身的学习需求，利用无线移动通信网络和便携的移动终端设备获取学习资源，随时随地进行主动学习的一种新型数字化学习方式。

二、移动学习的特点

随着新兴技术在教育教学中的逐步应用，教师与学生们接触移动设备的机会越来越多，移动设备在课堂内外为学习者提供了一个无缝的学习空间，今后的教育将倾向于自主学习、体验学习、探究学习等混合式课堂教学方式。但是如何让技术真正服务于课堂教学，将师生从技术的牢笼中解放出来，将课堂真正还给学生，这是需要思考的问题。

互联网是当前新型教育体系中重要的一环。在新型课堂上，学生们可以查询信息，这有助于拓宽视野，打开思路，避免课堂出现信息孤岛。而教师在教育服务的支持下，可以及时地了解学生的学习情况，大胆地给予学生充分的自主权。因此移动学习发展至今，有其自身独特的优点，主要表现在以下几个方面。

1. 学习形式的移动性

学习者可以借助移动设备和无线网络在任何时间、任何地点，根据自身需求获取不同的学习资源。移动学习将学习者从台式电脑前解放出来，使得学习者不再被限制在电脑桌前，不管是在地铁上还是在公交车上，只要能够实现无线通信连接，就可以随时随地进行不同方式的学习。

2. 学习方式的数字化和网络化

移动学习具有数字化学习的一些特性，即数字化的学习环境、数字化的学习资源和数字化的学习形式，体现了数字化学习的一些特点，如时间的终身化、空间的网络化、学习主体的个性化和交互的平等化。此外，大部分移动学习是以无线网络为系统的，通过移动终端设备接入实现教学，因此移动学习也是一种网络学习。

3. 学习内容的互动性

移动学习的技术基础是移动计算技术和互联网技术，即移动互联技术，具有双向交互的特点。

4. 学习效率的高效性

在移动学习的过程中，学习的需求首先由学习者提出，之后学习者带着问题去进行知识的探求。在接受知识时，移动通信设备可向学习者展示多媒体形式的学习资源。学习者还可以及时与网络中的学习同伴进行问题探讨、交流，进而提高学习效率。

5. 学习方式的个性化

不同学习者的学习方式、学习习惯、学习进度、学习风格等不尽相同，他们可以在移动设备上选择最适合自己的学习资源、学习方式和学习进度开展自主学习，满足自身的学习需求。

6. 学习情境的相关性

移动学习因具有移动性、便携性、连通性和随身性等特质，能够获取和响应对应特定地点、环境和时间的真实或虚拟数据，从而可以方便、快捷地创建个性化和多样化的移动情境。

7. 学习功能的辅助性

移动学习只是传统教育课堂的一种延伸和扩展，并不能代替现有的、正式的学习形式，只能是对现有教育的一种补充。

8. 学习知识的碎片化

移动学习采用片段化的处理方式，将原本系统的知识切割成片段，以满足学习者碎片化学习的需求。学习者可以充分利用其琐碎时间，每天进行移动的碎片化知识积累。这些看似杂乱无章的知识碎片，经过长时间的累积，最终能够完成整块的“知识拼图”。

9. 教育对象的普适性

智能移动通信终端的出现与普及，使得任何持移动通信终端的人都可以利用移动学习模式开展学习与交流，即使在交通不方便的地区也可以通过终端进行学习。同时，学习资源根据不同使用对象来设计和开发，且能方便快速获取与更新，使得移动学习使用对象具有普遍性、移动学习模式具有普适性。

随着移动通信技术的发展，高性能的移动终端设备不断出现，而且这些设备支持更快的下载速度、更大的容量和更高的质量。基于此，学习者可以运用自己的移动终端设备通过无线网络实时地聆听或收看远方教师的授课，可以与教师及其他学习者进行交流、探讨。这就大大拓宽了教育的范围，推动了终身教育和教育民主化的进程。

三、移动学习应用模式及其意义

目前，移动学习的基本模式有基于浏览链接的移动学习、基于移动

APP 的移动学习。

1. 基于浏览链接的模式

由于基于短信的移动学习的数据通信有时间差，不是实时交流，所以很多的多媒体学习资源不能用这种方式进行传输。随着通信芯片和 4G 通信协议的推出，出现了基于浏览链接的移动学习。

基于浏览链接的移动学习就是用户利用移动终端，经过电信的网关后可以接入互联网，通过 WAP 协议访问教学服务器，并进行浏览、查询和实时交互，类似于普通的互联网用户。学习者和教师能够通过手机或其他手持设备随时随地地浏览、下载教学和学习资源。

基于浏览链接的移动学习应用模式让学习者摆脱了时间地点的限制，下载的信息可长期保存在移动终端上，学习者在脱机的状态下也可以学习，方便了学习者的学习。在理论基础方面，有利于学习者利用现有资源，展开自主学习或合作学习；在资源形式方面，包括图文资料的浏览、课程下载、流媒体课件点播等；在适用终端方面，接受信息的可为平板电脑、移动电话、笔记本电脑等；在学习者需求方面，通过浏览服务器中的资源，可以解决学习中存在的问题；在适用情境方面，在有网络信号或 Wi-Fi 信号的任意时间和地点都可进行学习。

2. 基于移动 APP 的模式

这种类型的移动学习模式为用户使用移动终端设备从网络服务器上下载应用程序到自己的移动设备中并进行安装，安装后利用应用程序提供的各种功能进行学习。在理论基础方面，有利于利用网络资源、使用程序特有的功能帮助学习者学习；在资源形式方面，可以通过网络下载或使用自己制作的移动 APP；在适用终端方面，包括可以安装 APP 的平板电脑、智能手机等；在学习者需求方面，可以通过 APP 的固有功能，解决学习中存在的困难；在适用情境方面，在有网络信号或 Wi-Fi 信号的任意时间和地点均可进行。

四、移动学习的未来发展新方向

随着移动技术和移动设备的发展，移动学习表现出如下的发展趋势。

1. 移动设备智能化

随着移动技术的发展，移动设备也会越来越智能化。随着传感技术的发展，人机交互的方式将会继续发生改变，触摸、语音，甚至手势、面部表情将会成为主要的输入方式，这在一定程度上为残障人群的移动学习提供了便利。未来，人们可以在不同的场合选择智能设备上不同的学习资源呈现方式；与教师的沟通方式也更加多样化，教师甚至可以观察学生的面部表情，经过传感器的分析，确定学生对知识点的掌握情况。随着可穿戴设备的陆续面世及应用，移动学习的发展也会更上一层楼。

2. 网络更加个性化

未来会有更多的个性化网络，学习者能更加自主地决定访问的内容，有更多获取、建立、制定、汇总和分享数字化信息的方式。这意味着移动学习者可以根据自己的需求来订阅学习资讯，获取学习资源。随着大数据分析技术的发展，各种学习网站、博客等也会为学习者推送更加个性化、适合移动设备的资源，长此以往，学习者将会获得自己的个性化学习网络。

3. 自带设备更加便捷化

自带设备（Bring Your Own Device，简称 BYOD）是指人们把自己的笔记本电脑、平板电脑、智能手机或其他移动设备带到学习或工作环境的做法。自带设备顺应了移动学习的全球发展趋势，从老人到小孩，越来越多的人能持有自己的移动设备，并在不同的环境下联网学习。自带设备不仅仅指设备，也包括用户下载到设备上的个性化内容，因为很少会有两个设备分享相同的内容或设置，所以自带设备能够使学生和教师更加高效地使用工具。自带设备使得学习者在不同时间、不同地点使用同一移动设备进行学习成为可能，移动学习将更加普及化和便利化。

第五节　泛在学习

信息与通信技术的快速发展给学习者的学习带来了巨大的变革，我们正逐步从数字化学习（e-Learning）走向泛在学习（u-Learning），u-Learning已成为下一代e-Learning的重要发展方向。习近平总书记曾在国际教育信息化大会的贺信中提出要建设“人人皆学、处处能学、时时可学”的学习型社会,这种“三学”社会是对泛在学习愿景的精准刻画。随着智能手机、平板电脑等数字终端设备的逐步普及，泛在学习已成为我国构建和推进学习型社会的重要途径和理想学习模式，引起学术界和政府部门的高度重视。对泛在学习的系统研究对于推动我国教育信息化的快速发展，实现教育现代化，具有非常重要的战略意义。

一、泛在学习的概述

关于泛在学习的最早记载可追溯到南宋时期。著名理学家朱熹曾经说过：“无一事而不学，无一时而不学，无一处而不学，成功之路也。”他在这里指出了以任何方式、在任何时间、在任何地点进行学习的重要性。

对于泛在学习这个术语最先由谁提出，学术界观点不一。但关于泛在学习概念的起源大多数学者已达成共识：泛在学习是由“泛在计算”衍生而来的，是美国的马克·威士在重新审视了计算机和网络应用后提出的概念。他发现，对人们影响最深、作用最大的是那些在使用过程中不可见的东西。他设想把计算机做成各种大小嵌入到每件事物中，然后让计算机通过无线通信悄无声息地为人们服务。泛在计算的最高目标是使计算机广泛存在而不可见。正如他在*The Computer for the 21st Century*一文中所说的：“最深刻的技术是看似消失的，但它们融入了每天的生活当中以至于不可分辨了。”在此基础上，日韩、欧盟、北美等学者先后提出了类似的概念，认为泛在学习就如同空气和水一样，自然地融入人类日常的社会生活中。

二、泛在学习的定义

泛在学习作为一种新型的学习方式，以连接主义为理论基础，物联网、云计算、大数据、区块链、人工智能等为泛在学习的发展和应用提供了技术支持。平板电脑、智能手机、便携式计算机等各种智能终端和辅助学习设备的普及，智慧课堂教学设备及智能教学系统的广泛应用，都为泛在学习提供了必要的物质基础。无线4G通信技术的成熟、无线5G技术的发展、Wi-Fi技术的广泛应用，也为泛在学习创造了稳定的网络环境。泛在学习的基本要求和特征与“人人皆学、处处能学、时时可学”的学习型社会的价值理念是一致的，终身学习是泛在学习的直接体现。

泛在学习有多种名称，如无缝学习、普适学习、无处不在的学习等。国内外对泛在学习的定义众说纷纭，目前仍没有界定出一个公认的、易于理解的概念。

2003年，美国教育发展中心的一份报告认为，泛在学习是在泛在计算技术条件下设计的一种学习环境。这里强调的是不过分依赖电脑而更多地靠无线网络连接更多的设备，可以在学校、家庭、图书馆和任何你希望看书学习的地方进行学习，而不仅仅像以前那样依靠图书、电脑来学习。

关于泛在学习的定义，国内学术界也有不同的争议。白娟、鬲淑芳指出泛在学习是一种学习方式，学习者可以在近乎无限的数据库中摄取知识，也可以与学伴和教师交流。汪琼认为泛在学习是泛在计算技术应用于教育领域后所产生的新的教与学模式，强调的是随时随地学习，通过在生活中依靠自己解决问题，或者通过别人的帮助来解决问题，从而达到学习目的。2007年在《中国电化教育》杂志上两次关于“1∶1数字化学习”的专题中提到，泛在学习是普适计算环境下未来的学习方式，为学生提供一个可以在任何地方、随时使用手边可以取得的科技工具来进行学习活动的3A（Anywhere、Anytime、Any-device）学习。付道明、徐福荫认为普适计算环境的泛在学习是指在信息空间与物理空间相融合的空间里，学习的发生、学习的需求以及学习资源无处不在，学习者可以得到普适计算环境随时、随地的支持。石慧慧、刘奎指出，无缝学习是真正意义上的以人为本的学习环境。在充满计算和通信能力的环境中，人们可以随时随地利用任何终端获取所需要的任何信息。梁瑞仪、李康把泛在学习看成是让学生在基于无缝连接的信息环境中随时随地自由化学习，强调的是一种社会发展到一定程度的个人学习状态。

综上所述，可以从两个方面来理解泛在学习的定义：广义上，泛在学习是一种任何人可以在任何时间、任何地点、基于任何计算设备获取任何所需学习资源，享受无处不在的学习服务的学习过程，是终身学习的具体实施；狭义上，泛在学习是指在泛在技术和普适计算的情景创设与支持下，学习者根据自己的学习内容和认知目标，积极主动地、随时随地利用易获取的资源来进行的各种学习活动，是数字化学习和移动学习发展到一定阶段后产生的量变到质变的过程，即由移动设备、无线通信和传感技术支持的学习活动。

三、泛在学习的特点

综合国内外学者对泛在学习特征的分析和总结，可归纳泛在学习主要有以下特点：

1. 泛在性

学习的发生是泛在的，学习的需求是泛在的，学习服务也是泛在的。学习者可基于自身的需求在任何地方、任何时间，持续无缝地获得各种嵌入和非嵌入的无所不在的学习支持。

2. 易获取性

学习环境的开放性、兼容性及信息与物理空间的整合，使学习者有较强的体验感和良好的接受度。多样化的通信方式和高性能的通信使得学习者能够找到适合自身的学习工具和方式。

3. 交互性

学习者利用终端设备可以随时与专家、教师或者学习伙伴进行同步或异步的协作与共享交流，也可以随时随地直接从泛在环境中获取信息。泛在学习将学习行为从校园带到整个社会，从真实生活带入无线的智能空间。

4. 学习环境的情景性

计算机融入人类的日常生活中，使学习者意识不到它的存在但又不是把人置于计算机的世界中，学习者可以体验真实的学习环境，学习进程是无缝变换的且没有被学习者察觉，学习者甚至意识不到学习环境的存在。

5. 以现实的问题为核心

泛在学习以学生为本，以学习者的学习任务和认知目标为焦点，目的是解决学习者在现实中所遇到的问题，而不在于资料的收集和学习工具的使用。

北京师范大学余胜泉教授认为，泛在学习最大的特点就是泛在性和情境感知（context sensitivity）。泛在性是指表面上学习无形，但它们交织在日常生活中，无所不在，人们很难察觉出它们的存在。情境感知主要指能够从学习者的周围收集环境信息和工作设备信息，并为学习者提供与情境相关的学习活动和内容。人们学习是为了解决生活中一个个的情境问题，或是想要更好、更有效地开展一项日常事务，支持学习的技术应该能够像学习一样自然而然地融入日常生活中。

四、泛在学习的优势

1. 时空优势

传统的学习很大程度上受限于时空，在时间上要有统一的、相对刚性的计划和安排，空间上要限制在特定的地点。就常规的学校学习而言，要在规定的时间到达规定的地点，进行规定课程的学习。即使是网络学习，也要受到时间和地点的限制，只能在有限的环境中进行。而泛在学习则不受时空的限制，学习者可以在任何时间、任何地点，只要想学习就能学习。当学习时间、空间不再受到限制时，学习者的学习活动就变得更加多样。学习行为也不仅仅发生在课堂上、电脑上、手机上，还可以发生在生活和工作的各项活动中。也就是说，泛在学习时空的变化使学习与工作、生活成为一体，使终身学习成为可能。

2. 资源优势

泛在学习资源不只是学校教育的狭义的资源，而且表现为整个互联网络拥有的信息资源，乃至整个社会和自然界都可视为学习资源，将"物理环境与信息环境学习的资源"、有益于人们获取知识的元素都纳入其中。这些资源可以通过立体的学习网络传递，包括学校，也包括卫星网、数字电视网、互联网、移动网以及依托于网络的手机、平板电脑等移动终端设备等。学习资源形式多样，包括了文本、图像、录像、音频、视频等。也许我们身边任何一种可以感知的、可以情景反思的实体都可以成为学习资源。泛在学习资源集声音、图像、触觉和视觉于一体，以图文并茂、动静结合、可触可感的方式把教学内容呈现于学习者面前，弥补了传统教学模式的单一性和平面化，这种多种感官共同刺激产生的学习效果远远优于单一感官刺激的学习效果。

3. 经济优势

在信息社会，学习者需要具备较强的信息技术素养，必须熟练掌握计算机使用技能、上网技能和一定的信息搜索技能才能顺利地进行在线学习和移动学习。虽然学生可以通过各种各样的培训获得这些技能，但是高昂的培训费用、较高的学习难度和较多的学习项目使许多人望而却步，只能放弃这些新的学习形式。由于泛在学习环境更加注重人性化，不断提高操作的简易性，不要求学生掌握众多的学习技能，只要想学，不管学习基础如何，都能够找到合适的学习形式和学习资源，而不需要支付高额的培训费用，从而使更多人能够从泛在学习中受益。

4. 人性化服务优势

传统的课堂教学和在线学习及移动学习能部分记录学习者的学习内容和学习活动，并且可以根据这些记录，通过档案、计算机网络或移动通信设备向学习者提供已经设定的学习支持服务。但是由于这些学习支持服务是系统设计者在设计系统前根据对学习者初步的、带有主观色彩的分析预先设定的，因此学习支持服务的内容往往粗疏、偏颇、呆板。虽然通过学习者的设定可以有所选择、有所调整，但仍然不够全面、缺乏针对性。而泛在学习不仅能自动记录学习者全部的学习内容和学习活动，还能记录当时的学习环境信息，并且能够综合分析这些复杂的信息，为学习者量身定制个性化的学习支持服务，真正体现“以人为本”的理念。

5. 智能化管理优势

传统的学校教学管理和在线学习及移动学习的管理依赖手动或手动与自动相结合的管理系统，管理内容较少，管理手段较烦琐，管理方式较死板，往往因为这些缺陷造成许多个性化的管理手段不能实施，形成人受制于机器的局面。泛在学习采用智能化管理系统，能够管理各种学习活动和学习全过程，还能根据个性化要求部分调整系统功能，以实现分层次管理、分对象管理和分任务管理，最大限度地增加管理的弹性，实现人性化管理。泛在学习是在在线学习和移动学习的基础上发展起来的新的学习形式，克服了前者的缺陷和不足，因此也更加完善，更具优势。

6. 角色优势

以往，学生常常被看成是一个需要“被塑造”的客体，而教师则被视为一种必不可少的外在力量对其施加影响。随着泛在学习时代的到来，教师和学生不再有明确的界限。对学生来说，教师不再是知识的唯一来源。教师也能从学生那里得到信息和资源，学生在某些时候成了教师，教师成了学生，教师和学生的角色不断变换，可以说人人都是教师，人人也都是学生。

7. 学习评价优势

在泛在学习的环境中，学习评价已经能够延伸至课堂外的任何地方。系统可以依据学生所处的位置和周围的环境，参考学生过去的学习行为和学习程度，随时随地询问不同难度的问题，在学习过程中不断地进行学习评价。在完成一个阶段的测量和评价以后，系统也可以立即提供评价结果和相对应的辅助材料，帮助学生不断调整自己的学习行为，以实现更有效的学习。更重要的是，在这样的环境中，能更加具体地测评学生知识的掌握程度、技能和能力的提高程度、情感的变化程度，学习评价的内容更加丰富、更加细化。

五、泛在学习的一般流程

泛在学习是一种新型的学习方式，更是一种普适计算技术支持下的新型学习理念，让学习和生活融合，实现真正的 Learning in Life。泛在学习不是以某个个体（如传统学习中的教师）为核心的运转，而是点到点的、平面化的学习互联。“泛在”包含三个方面的内涵，即无处不在的学习资源、无处不在的学习服务和无处不在的学习伙伴。

当我们在实际工作和生活中遇到问题，或者对某些事物产生兴趣时，利用与环境相关的情境感知智能设备可以随时感知用户在特定情境下的学习需求，并将这些需求信息通过无处不在的通信网络发送到“教育云计算平台”。教育云计算平台根据用户当时的需求信息、学习档案记录、学习偏好信息等在智能化的资源空间中进行检索、聚合、计算、变换，找到最适合用户需求的学习内容及其关联内容，推送到各种学习终端设备上。学习者获得最适合自己的内容，真正实现按需学习。除学习内容的推送外，附加的学习服务和知识关系网络也将与学习者自动联通，通过终端设备呈现给学习者，增强用户的学习兴趣，提高学习的效率。通过知识关系网络（Knowledge Network Service，简称 KNS）的联通，学习者与正在浏览、编辑、制作本学习内容的多个学习伙伴、教师、学科专家产生联结，形成动态化的学习圈子。通过学习圈子，不仅可以找到当前知识领域内最权威、精华的知识，还可以找到本领域中最权威的专家。这种学习不是传统课堂中一个教师对多个学生的教学模式的翻版，而是一对一的学习，更是多对一的学习。

第三章
教育技术前沿下的教

现代教育技术的应用使课堂教学方式由目前的“以教为主”向“以教为辅”发展，未来的学生将运用各种信息技术手段来获取知识和提高能力，即“以人为本”。现代教育技术具有强大的生命力，能够超越时空和宏观、微观的限制，向学生展示各种各样的感知素材，把教学逻辑和教学步骤充分展现在课堂教学过程之中。现代教育技术前沿下的教学，教学空间不再局限于黑板和讲台，有了多媒体工具和平台的参与，教学过程能够从视觉、听觉和触觉多个维度同时展开。

第一节　投屏技术互动教学

一、无线投屏技术

投屏又称为同屏、屏幕共享、多屏互动。具体来说，是通过某种技术方法将移动设备 A（如手机、平板电脑等）上的画面“实时地”显示在另一个设备 B（如手机、平板电脑、电脑、电视机等）上，输出的内容包括图片、视频、音频等各类多媒体信息，也包括在设备 A 上的实时操作画面。同理，设备 B 的内容也可以显示在设备 A 上。根据连接方式的不同，投屏技术可以分为硬件连接投屏和无线投屏。随着信息技术的发展，无线投屏逐渐成为主流。

1. 无线投屏的概念

无线投屏，是指通过无线网络连接，将移动设备的画面实时传送到同一局域网下的大屏幕上，实现同步显示。（见图 3-1）具体到教学应用中，就是实现教室投影仪大屏幕实时接收移动设备的显示画面，包括教学课件、图片、音视频的播放和移动端的实时操作等。

无线投屏技术作为依托移动智能终端和应用软件的一种跨平台显示技术，在课堂教学中能够弥补多媒体硬件设备的某些缺陷。相对于传统的有线投影仪，无线投屏能够将移动设备的画面同步显示到投影仪，使课堂教学由固定授课平台转变为移动授课平台，包括教学过程中课件的播放、学生操作过程及结果的展示点评、教学网络资源的展示等操作，教师可以在教室的任意位置通过手机操作来完成。无线连接投屏技术需要网络支持，且需要安装特定的软件。

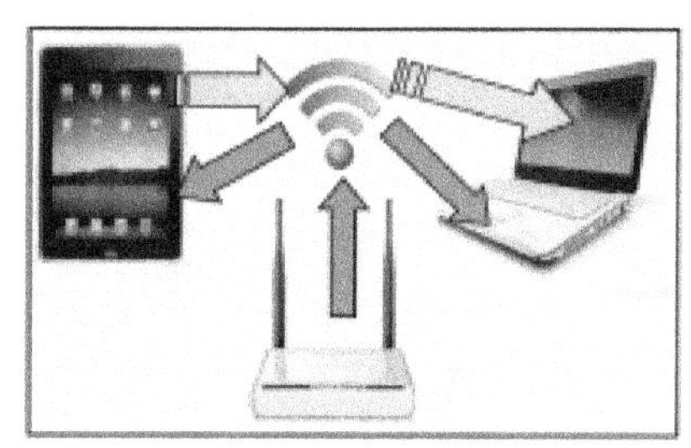

图3-1　无线投屏示意图

2. 无线投屏技术的原理

实现投屏技术的关键因素有两个，即接口权限和传输协议，这两项都能依托投屏软件实现。接口权限主要是指对移动设备进行截屏和录音的接口权限；传输协议是指将截屏和录音的数据通过有线或无线的方式传输到另一个设备上。投屏技术的原理如图 3-2 所示。投屏软件中具有相应的“同屏模块”，移动设备通过“同屏模块”将屏幕内容的信号编码为数据流，另一台设备上的同屏器接收到信号后，将其编码成音视频信号输出。同屏器的作用是将移动设备的画面一帧一帧地“复制”到另一个设备上，屏幕内容以镜像的形式显示在其他设备中。目前，支持无线显示技术且较为成熟的方案有 4 个：苹果阵营的 AirPlay、Wi-Fi 联盟阵营的 Miracast、Intel WiDi 以及其他公司联盟的 DLNA。

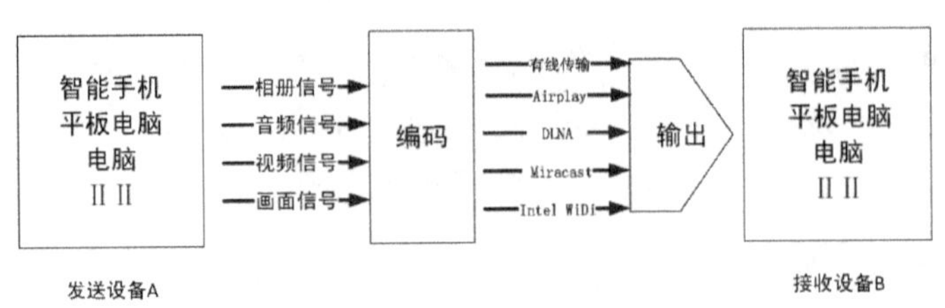

图3-2　无线投屏技术的原理图

（1）AirPlay

AirPlay 是苹果公司开发的一种无线技术，它不仅支持无线传输多媒体数据，还支持镜像传输。AirPlay 可以通过无线网络将 iPhone、iPad、iPod touch 等 IOS 设备上的图片、音频、视频信号传输到另一台支持 AirPlay 的设备上。目前，苹果的 AirPlay 只适用于认证过的苹果设备，主要是苹果公司自己的设备，包括 iPad、iPhone、Apple TV 等，此外还有一些苹果授权的合作伙伴的设备，如向先锋（Pioneer）和索尼（Sony）提供技术授权的音响。

（2）DLNA

DLNA 的全称是 Digital Living Network Alliance（数字生活网络联盟），由索尼、英特尔、微软等发起成立，旨在解决包括个人电脑、消费电器、移动设备在内的无线网络和有线网络的互联互通，使数字媒体和内容服务的无限制共享和增长成为可能，其宗旨是“随时随地享受音乐、照片和视频”。DLNA 与 AirPlay 功能类似，协议也大体相同，都可以将用户手机中的媒体内容投放到大屏幕上。不同的是手机上的 DLNA 并没有类似 Apple TV 的 AirPlay 镜像功能，也没有 Apple TV 所支持的双屏游戏体验。目前，DLNA 更多的是将手机上的照片和视频投送到大屏幕上。

（3）WiDi

WiDi 的全称为 Wireless Display（无线显示技术），它通过 Wi-Fi 信号来实现电脑和显示设备的无线连接。在英特尔发布 Capella 移动平台之后，WiDi 技术就已经能够运用在相关产品之中。WiDi 的实现原理是：笔记本电脑首先通过无线网卡发出无线信号，然后电视端会有一个无线接收装置来接收信号，无线接收装置再通过 HDMI 或者 AV 线缆把信号传输到显示设备上。

（4）Miracast

Miracast 是由 Wi-Fi 联盟于 2012 年制定的，以 Wi-Fi 直连为基础的无线显示标准。在无线显示标准一片混乱之时，Wi-Fi 联盟搬出了 Miracast，想要统一无线显示的行业标准，这一行为得到了英特尔 WiDi、三星 All share、NVIDIA 芯片等技术的响应。支持此标准的设备可通过无线方式分享视频画面，如手机可通过 Miracast 将影片或照片直接在电视或其他设备上播放而无须受到连接线缆长度的影响。

二、无线投屏技术应用于课堂教学的优势

1. 教学演示灵活方便，能记录课堂行为

借助无线投屏技术，教师在教学演示或展示时更加灵活方便，不再限制于狭窄的讲台，可以在教室的任意合适位置，用便携式智能移动设备多角度地展示整个过程，同时即时呈现给学生。

2. 打破系统限制，发挥教学 APP 的功能

随着教育信息化的不断发展，教育科技企业开发出越来越多的教育类 APP，既满足了学习者游戏的需求，又达到了教育的目的，寓教于乐。但是很多教育类 APP 仅支持智能移动终端系统，用户只能在手机或平板电脑上使用。如果单纯使用手机或者平板电脑，由于屏幕和音量的限制，无法很好地达到教学效果。利用无线投屏技术将移动端屏幕投放到电子白板或投影仪上，可以很好地发挥教育类 APP 的作用。

3. 增强师生、生生课堂互动

课堂上，教师可以利用屏幕传送将知识点、题目等传输到学生所使用的终端上显示；学生也可以通过录音、拍照、摄像等功能将学习问题或者困惑传送给教师或者学习同伴，获取帮助。借助教育类 APP，学生之间还可以进行学习竞赛、合作学习等活动，增强课堂互动。

4. 便捷展示学生学习成果

传统多媒体教学环境下，学生学习成果的展示是一个困扰教师的问题。教师人工展示，费时费力，还无法兼顾全体学生；利用无线投屏技术，只需将学生成果拍照或者摄像投放到大屏幕，全班学生都能看到；如果需要学生讲解制作过程，可以利用录像功能制作一段小视频。这种方式在成果展示的同时也保存了记录，可以随时观看，便捷而高效。

三、无线投屏技术在课堂教学中的应用

教师使用手机投屏教学，与传统的黑板教学和电脑投屏相比，具有移动互联网时代的新特点，不仅改变了屏幕呈现的内容和方式，而且极大地变革了课堂教学的互动方式。无线投屏技术在课堂教学中的应用主要体现在以下几个方面。

1. 作为扩展屏幕

扩展屏幕是投屏技术最基础的功能，它可以让讲授者不局限于教室多媒体系统的演示画面，还可以增加移动设备、平板电脑，甚至另一台电脑作为扩展屏幕，丰富演示的来源和形式。例如，教师需要演示移动设备里的文档、照片、视频等内容时，就不再需要物理拷贝了，通过投屏技术就可以直接展示。

2. 作为电子白板

现有的教室多媒体系统，如投影仪、LED 显示屏、液晶电视，大多不支持触屏操作，而手机、平板电脑等设备的屏幕是高清多点触控屏，通过投屏技术，可以将移动设备设置成为功能强大的手持电子白板。教师在移动设备上自由书写、绘画，就类似于将大屏幕当作电子白板了，而且这块“电子白板”还可以自由携带，如希沃授课助手就支持电子白板的功能。

3. 作为视频展台

现在，很多教室的多媒体教学系统都支持视频展台的功能，尤其是在实验课上，视频展台在教学中的应用非常丰富，能给学生带来更为直

观生动的感受。但是，现有的视频展台存在设备昂贵、操作复杂、使用受连接线限制等问题，教师只能在讲台上展示，无法顾及每一位学生。智能手机的使用则方便得多，依托投屏技术，智能手机摄像头可以融入教室多媒体系统，成为可移动的视频展台。这种方式还可以节约经费投入，降低维护成本。

目前，智能手机的摄像头像素普遍达到千万以上，清晰度比较高，而且，在相关手机 APP 支持下，还可以实现 3D、全景、补光、特效、转换摄像头等优化拍摄功能。利用投屏技术，将手机拍摄的画面实时同步显示在教室大屏幕上，可以用于案例分析、作品展示，有助于教师当场分析，进行针对性讲解，还能实现局部放大、保存图片和视频的功能，提高教学效率。

4. 作为无线遥控

投屏技术除了能够传输音视频数据、实时画面外，还能传输鼠标和键盘信号，把智能设备当作一根无线教鞭，能够远程控制教室的电脑和大屏幕，如希沃授课助手中就有远程播放电脑上的 PPT、鼠标控制左键和右键的功能。借助无线网络和投屏技术，教师只需在手机上做相应的设置，就可以任意控制电脑。

5. 丰富课堂互动教学

教师使用手机展示教学 PPT 课件，根据课堂环境和教学活动的不同情况，可以随时切换到手机微信群，组织学生发送作品或上传照片到群里展示等，让学生随时分享观点，自由讨论，发表意见。学生也可以及时反馈自己的问题和作业等，大大增强了课堂上的互动性，且操作简单、方便、灵活。教师在课堂上使用手机投屏最大的用处是拍照上传投屏。例如，幼儿园教师在课堂上组织儿童绘画、做手工、做游戏等，可以同时手机投屏展示儿童的作品，以及活动现场表现，还可以实时转发到微信群与家长分享；高校教师可以使用手机同屏拍照，随时展示课堂上学生实习的操作投屏并组织全体同学互评等。

第二节　二维码灵活教学

一、二维码概述

1. 二维码的由来

二维码是从一维码（又称条形码，bar code）的基础上发展起来的。一维码是一种可视化的、机器可读的数据表示，通过对平行线的宽度和间距进行调整来表示一定的数据。一维码只在 x 轴上存储数据，且只存储阿拉伯数字 0—9 的数据，而其 y 轴方向没有记载数据。

诺曼·约瑟夫·伍德兰和伯纳德·西尔弗发明了条形码。1948 年，美国宾夕法尼亚州费城德雷塞尔理工学院（Drexel Institute of Technology）的研究生西尔弗无意中听到了当地食品连锁店的经理想研究一个在结账时自动读取产品信息的系统。于是他和朋友伍德兰一起开始研究，他们的创作灵感来自莫尔斯电码，并在沙滩上的沙子上面设计出了第一个条形码。1949 年 10 月 20 日，伍德兰和西尔弗为“分类装置和方法”申请了专利，1952 年在美国获得专利。

二维码（2-dimensional barcode）是按一定规律用特定的几何图形在黑白相间分布的图形平面（二维方向）上记录数据符号信息，实质是利用计算机的“0”“1”比特流原理，将文字、数值信息表示为若干个与二进制符号相对应的几何图案，并利用光电扫描设备或者图像输入设备自动识读从而实现信息的自动处理。

在许多种类的二维条码中，常用的码制有：Data Matrix、Maxicode、Aztec、QR Code、Vericode、PDF417、Ultracode、Code 49、Code 16k 等。

二维码可以分为堆叠式 / 行排式二维条码和矩阵式二维条码。

（1）堆叠式/行排式二维条码又称堆积式二维条码或层排式二维条码。其编码原理是在一维条码基础之上，按需要堆积成两行或多行。它在编码设计、校验原理、识读方式等方面继承了一维条码的一些特点，识读设备、条码印刷与一维条码技术兼容。

但由于行数的增加，需要对行进行判定，其译码算法与软件也不完全相同于一维条码。有代表性的行排式二维条码有：Code 16K、Code 49、PDF417、Micro PDF417 等。

（2）矩阵式二维码（又称棋盘式一维条码），最流行的莫过于 QR Code（又称 QR 码），我们常说的二维码就是它了。矩阵式二维条码是在一个矩形空间通过黑、白像素在矩阵中的不同分布进行编码。在矩阵相应元素位置上，用点（方点、圆点或其他形状）的出现表示二进制的“1”，点的不出现表示二进制的“0”，点的排列组合确定了矩阵式二维条码所代表的意义。矩阵式二维条码是建立在计算机图像处理技术、组合编码原理等基础上的一种新型图形符号自动识读处理码制。

2. 二维码的特点

（1）存储大容量信息。

传统的条形码只能处理 20 位左右的信息量，与此相比，QR 码可处理条形码几十倍到几百倍的信息量。另外，QR 码还可以支持所有类型的数据，如数字、英文字母、日文字母、汉字、符号、二进制、控制码等。一个 QR 码最多可以处理 7089 字（仅用数字时）的巨大信息量。

（2）在小空间内打印。

QR 码使用纵向和横向两个方向处理数据，如果是相同的信息量，QR 码所占空间为条形码的十分之一左右。

（3）有效表现各种字母。

QR 码是日本国产的二维码，因此非常适合处理日文字母和汉字。QR 码字集规格定义是按照日本标准“JIS 第一级和第二级的汉字”制定的，因此在日语处理方面，每一个全角字母和汉字都用 13 比特的数据处理，效率较高，与其他二维码相比，可以多存储 20% 以上的信息。

（4）对变脏和破损的适应能力强。

QR 码具备“纠错功能”，即使部分编码变脏或破损，也可以恢复数据。数据恢复以码字为单位最多可以纠错约 30%。

（5）可以从任意方向读取。

QR 码从任一方向均可快速读取。其奥秘就在于 QR 码中的 3 处定位图形，可以帮助 QR 码不受背景样式的影响，实现快速稳定读取。

（6）支持数据合并功能。

QR 码可以将数据分割为多个编码，最多支持 16 个 QR 码。使用这一功能，还可以在狭长区域内打印 QR 码。另外，也可以把多个分割编码合并为单个数据。

3. 二维码的基本结构

（1）位置探测图形、位置探测图形分隔符、定位图形用于对二维码的定位。对每个 QR 码来说，位置都是固定存在的，只是大小规格会有所差异。

（2）校正图形：规格确定，校正图形的数量和位置也就确定了。

（3）格式信息：表示该二维码的纠错级别，分为 L、M、Q、H。

（4）版本信息:二维码的规格。QR 码符号共有 40 种规格的矩阵（一般为黑白色），从 21×21（版本 1），到 177×177（版本 40），每一版本符号比前一版本每边增加 4 个模块。

（5）数据和纠错码字：实际保存的二维码信息和纠错码字（用于修正二维码损坏带来的错误）。

二维码的基本结构如图 3-3 所示。

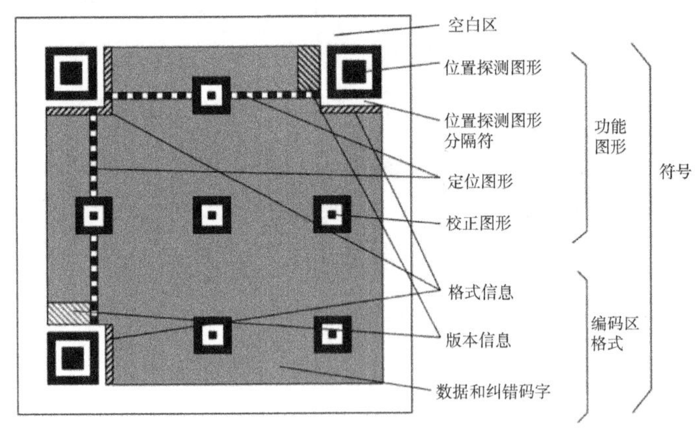

图3-3　二维码结构示意图

二、应用二维码技术教学的优势

1. 打破传统课堂教学形式，引导学生互动教学

传统的课堂教学互动形式，局限于教师和学生、学生与学生之间进行交流互动，形式过于单一，而且也无法有效通过视频、动画、语音等呈现形式进行互动。二维码与移动技术的出现，打破了这种僵局，可以支持更多的自主探究学习、协作学习、混合学习等，充分体现学生课堂学习的主体性。

2. 突破时间与空间的限制，引领学生自主学习

学生可以利用手机、iPad 等移动终端设备，在任何时间、任何地点进行学习，场所不再局限于教室和实验室。学生可以充分利用自己的碎片化时间自主学习，并且可以在线和老师交流互动，充分显示出移动学习的优势。

3. 学习资源按需获取，促进学生个性化发展

二维码能呈现形式多样的学习资源，如音频、视频、文字、课件、试题库、网络超链接等。学生可以根据自身学习需要，有选择性地扫描二维码，从中选择自己感兴趣的知识点进行学习。这样在一定程度上可以照顾不同个体之间的差异和不同需求，使每个学生的学习潜能都在原有的基础上得到充分发展，进而实现学生的个性化发展。

4. 良好的学习体验，提高学生的学习积极性

二维码具有操作简单、响应速度快、出错率低的特点，加上学生具有较强的接受新鲜事物的能力，将二维码与课堂教学有机结合起来，可为学生提供良好的学习体验，进而激发学生学习的兴趣，提高学生学习的积极性。

5. 有效降低学习成本，为考试测验提供新途径

传统的课程考试测验，教师需要印刷相关测试用卷，从而产生相关的费用。然而，如果将二维码技术应用到测试中，将大大降低测试的成本。学生可以通过扫描二维码登录考试测验平台，选择考试项目答题。提交

后，学习平台还可以直接显示客观题分数；对于无法到校参加考试的学生，也可以在家参加考试测验，突破了时间和空间的限制。

6. 手机管理不再是难题，手机成为学习的工具

手机课堂管理已经成为教学中面临的一大难题。“手机应该退出课堂”，已经成为普遍呼声。各个学校也使出了浑身解数，给手机设置了“手机袋”“停机坪”等。然而，这些方式并没有减少学生课堂玩手机的现象。随着数字化校园的建设，有线无线网络的全覆盖，为手机成为课堂的“教具”提供了平台。教师在开展信息化教学的过程中，可以设置使用手机扫描二维码开展信息阅读、协作学习、课后作业、考试测验等环节，让学生正大光明地使用手机，让手机成为学习的工具。

三、二维码技术在教学中的运用

二维码以其载体灵活、形式简便、信息传递快等优势已然成为一种人们青睐的信息交流方式。广告牌、报纸杂志、火车票上甚至是在电视节目和网络视频中都可以看到二维码的身影，铺天盖地的二维码开启了全民“扫码时代”。只需要用安装了相应扫码软件的智能终端扫描二维码便可以获取其背后的数字信息。二维码在各个领域的广泛运用，使国内外的教育专家学者们开始思考其在教育领域中的应用，并将二维码作为联结物理世界与数字资源的桥梁。

1. 电子签到与信息采集

许多公共课与会议的签到都可以利用移动终端扫描二维码来实现，这种签到方式简单便捷，易于统计；部分考试与作业提交也用到了二维码，在学生提交的作业封面上嵌入包含相关信息的二维码，可为验收作业和录入成绩提供方便。

2. 知识检索

在课堂教学过程中，教师常常会为学生提供一些网络参考资料，这些资料的网址冗长难记。这时教师可以将网址生成二维码置于投影屏幕中，方便学生拍照记录。例如，巴斯大学的 Moodle 平台的输出文档就会

自动嵌入一个包含课程页面网址的二维码，方便学生利用移动终端快速进入课程。

3. 二维码支持的新型学习材料

二维码支持的新型学习材料可以帮助创设学习情境，适应学生原有的纸本阅读习惯。学生通过手机扫描二维码可以直接获取数字资源，减少学习环境的切换，有利于进行专注深入的学习；同时，利用二维码搭建的学习支架也有助于提升学习效果和小组协作的交流。

4. 二维码支持的新型学习活动

在泛在学习环境中，二维码可以充当知识的识别标记，学生可以利用移动设备扫描学习实体附近的二维码，获取相应的学习资源。这样学生的主动性被充分调动，同时增强了学生与教学环境之间的互动，有助于其更好地观察与理解当前的学习知识。

5. 用二维码传递教学信息资料

在教学中使用二维码传递信息的实例包括：将各类通知、讲义、PPT 资料、微课等做成二维码供学生扫码下载学习；将学校各类活动场所的管理文件，实验室各类设备的说明书等做成二维码，扫码即可查看；将网站和微信公众号上面大量的时政资讯、热点社会话题、励志教育故事等做成二维码，学生通过移动终端扫码学习；将各类生物标本附上二维码，扫码即可展示该生物的生物学分类和详细介绍等。

第三节　应用程序辅助教学

教师要充分运用教育技术打造新型课堂。首先要转变教育观念，以学生为中心，丰富课堂教学策略，努力建设四全课堂（全程课堂、全息课堂、全员课堂、全效课堂）。现在越来越多的应用程序不断涌现，能够帮助教学管理，提高教学效率。根据一线教师的反馈，常用的技术工具有希沃、101 教育、UMU、超星学习通、雨课堂、微助教、之江汇教育广场等。教师可以根据自己教学的实际需要，选择使用合适的教育软件辅助教学。

一、超星学习通

1. 超星学习通概述

从2010年开始，基于手机等智能终端的移动出版乘势而上。目前4G网络成为主流，5G网络逐步普及，无线网络基础设施的普及带来了移动网络的极大改善，手机已经成为人类的第二大脑，而手机里面的各种应用程序，则渗透到我们生活的方方面面，影响着我们的生活学习和发展提高。超星学习通依托先进的移动互联网技术，基于海量的资源数据平台和便捷的移动社交平台，致力于打造一个提供优质资源、辅助培养教化、提升国民素质的移动学习平台，为国民提供一个无时不在的精神家园。

超星学习通是面向智能手机、平板电脑等移动终端的一个基于微服务架构打造的课程学习、知识传播与管理分享平台。用户可以在超星学习通上自助完成图书馆藏书借阅查询、电子资源搜索下载、图书馆资讯浏览，学习学校课程，进行小组讨论，查看本校通讯录，同时拥有电子图书、报纸文章以及中外文献元数据，为用户提供方便快捷的移动学习服务。超星学习通利用超星20余年来积累的海量图书、期刊、报纸、视频等资源，集知识管理、课程学习、专题创作、办公应用为一体，为读者提供一站式学习与工作服务。

2. 应用场景

（1）课前准备。

教师提前一周发布课程通知，布置课前任务，发布预习作业，并根据学生课前预习的完成情况对课程内容进行调整。在学习通平台发布签到，将上节课的任务完成情况、作业情况发布至班级群，提醒学生注意按时完成课程任务。引入本次课的学习目标，根据预习作业开展课前讨论，导入创设情境，引入学习任务。

（2）课中掌握。

教师布置课堂任务，包括专题知识、课程视频，并利用学习通平台发布的闯关模式进行章节自测。学生在未完成上一个任务的情况下，无法进入下一个任务的学习。针对重难点问题发布多样化课堂活动，如在线抢答、随机选人答题、随堂测验等，针对回答情况进行加、减课堂积分；在每一轮课堂活动后立即以学习通群聊的方式发布讲解，可以通过录制短视频，配合语音、图片等对问题进行解答，这样现场解决问题可以加强学生对重难点知识的理解，帮助学生巩固知识；同时将本次课的重点、难点发布至讨论区，学生可在讨论区回复，教师可以通过学生在讨论区的回复，把握学生对重难点的掌握情况。

（3）课后延伸。

利用超星学习平台布置课后作业，根据作业完成情况分析得分率低的习题，并以此作为录制作业讲解视频的重点。课后发布问卷调查，收集学生在课堂学习中的疑问以及对教学方式的建议，用于下一次课的重点答疑和教学改进。在每一章结束后发布一次综合问卷，统计学生反馈信息，分析章节统计数据，针对学生反馈的问题开设直播课，在线答疑。对讨论区中学生发布的问题，以及对教师发布的讨论回复情况进行审阅，可以快速发现学生在学习过程中普遍存在的问题，为下一次习题讲解做准备，并调整教学进度。同时教师可随时关注学生的学习进度，对于完成度较低的学生，通过设置教学预警，督促学生及时完成。

（4）考核评价。

采用多种考核方式，将学生的任务点学习、课堂活动的参与度、作业成绩、讨论活动、实操环节以及考试成绩均按照不同权重计入期末综合成绩的评分，并且在教学平台对学生个人成绩积分实时更新，使学生能够及时把握自己和他人的学习情况，了解自己学习过程中的不足，并加以改进。全方位的过程考核可以促进学生积极参与到课堂学习中来；借由教学平台的积分统计数据进行评分，能够体现成绩考核的公平公正性。

3. 超星学习通的优势

（1）课程资源丰富，利用率高。

超星学习通具有大量学习资源，且利用效率有明显优势，学生在观看视频等资源时，遇到难以理解的内容，可以多次回看，直到掌握该知识点。同时课堂中的练习、讨论以及课上教师的讲解，都能够随时查看，有利于知识的巩固。课后的学习不受时间地点限制，随时随地都能进入课程，且学生可以根据自身情况，调节学习节奏，把握学习进度。

（2）时间空间不受限制。

在新媒体时代，学生习惯于使用手机获取各类消息，对于利用手机学习并不排斥，可以随时随地打开超星学习通 APP 进行学习，使学习更加方便快捷。

（3）数据统计辅助教学。

超星学习通平台具有强大的数据统计能力，可提供多方位的统计数据，教师可以及时获取反馈信息，总结经验，进一步提高课堂教学效果。

二、微助教

1. 微助教概述

微助教是华中师范大学心理学教师田媛和华中科技大学专业团队设计开发的一款基于微信的教学工具。这是从教师角度研发的促进课堂教学互动和有效管理的应用程序，操作简便且实用，支持课堂签到、课堂测试统计、课堂讨论、互动答题等多种互动教学活动，以游戏化思维鼓励学生积极参与课堂互动，以便捷操作支持教师积极开展课堂教学实践与创新,进而提高教学效率。通过微助教,学生可以用手机在课堂中签到、答题和讨论，以及进行课堂研讨和在虚拟论坛发言，记录平时作业和小测验等，并为教师提供结果分析和数据可视化；教师可对学生学习全过程进行持续观察，从而进行发展性评价。

2. 微助教应用场景

（1）点名签到。

点名签到是课堂教学的重要环节。通过点名，教师可以掌握学生的到课率。目前课堂点名主要以教师按照花名册口头呼叫学生姓名，学生应答为主。这种方式在学生人数较多的情况下，往往会占据较多的课堂时间，且容易出现学生代答等情况。而“微助教”的点名功能解决了这一问题，极大地提高了课堂点名的效率。在期末总评阶段，教师可以将整学期的课程分门别类，按班级进行导出统计。

（2）互动学习。

由于学生在刚上课时，大多不在学习状态。基于这种情况，可以通过在线学习平台，在课堂中着重选择情境导入、问题导入、案例导入等方式，以互动的方式开启新知识的学习。

（3）评价反馈。

形成性评价是在教学过程中进行的，教师通过平台推送测试题，学生通过移动终端完成相应题目并提交答案。系统会自动给出测试评价结果，并即时反馈给学生和教师。教师据此及时了解教学中取得的成效和存在的问题，并及时调整教学策略，在不断地实操、反馈、调整的过程中趋于完善，最后达到教学目标。在课堂的最后，实施结果性评价。教师登录后台设置“互评方式（组间、组内、自评、师评）、权重、记名方式（实名、匿名）”等功能后，学生即可在微信端操作。

3. 微助教功能与特点

（1）方便易用，零部署成本。

无须下载应用程序，微信端直接使用，有手机即可参与互动；轻量级设计，使学生在没有 Wi-Fi 的课堂也不用担心手机流量的资费问题；微助教部署简单，无须教师导入学生名单，不会增加教师的工作负担；课堂也不必增加新硬件，不会增加教学成本。

（2）提供高效的课堂互动。

微助教可在短时间内完成师生之间高效率的全员互动，答题、讨论、考勤状态将在大屏上实时展示,学生参与感强,扭转了师生互动难的局面。

（3）过程性评价简单便捷。

微助教可在 30 秒内完成 100 人的在线考勤，方便教师对课堂的精准管控；课堂互动讨论、答题及考勤记录均会记入过程性评价，可实现成绩一键导出，有助于及时完成过程性评价。

（4）支持教学团队协作。

多个教师可共建一门课，支持助教在线批改作业，增加作业反馈的及时度；云端海量题库甚至可以直接为同类课堂提供优质资源，使教师不再为建设题库而烦恼；教师将不再是一个人孤军奋战，而是加入工作团队，故大大减轻了教师的工作量。

三、雨课堂

1. 雨课堂概述

雨课堂是清华大学在线教育办公室和学堂在线共同推出的新型智慧教学工具，是教育部在线教育研究中心的最新研究成果。通过连接师生的智能终端，雨课堂将课前—课中—课后的每一个环节都赋予全新的体验，快捷免费地实现大数据时代的智慧教学，包括师生多元实时互动、教学全周期数据分析等。雨课堂的全部功能都基于 PPT 和微信，轻量易用，操作便捷。同时支持多语言版操作，极大地方便了外国师生以及外语类专业师生的使用。雨课堂 3.0 版中，新增填空题、富文本答案解析、语音直播授课等功能，并对课前课件动画还原、习题作答结果投屏等操作进行了优化。

2. 雨课堂的应用场景及相关特点

（1）幻灯片同步与“不懂”反馈。

在上课的过程中，如果教师开启雨课堂授课模式，放映幻灯片后软件系统会自动生成一个本堂课的二维码，学生通过微信扫码进入班级。课中，教师讲授的每一页幻灯片都会通过雨课堂即时发送到学生手机端，方便学生保存课件并回顾课程内容。幻灯片的同步使全班每一名学生都可以自主按照自己的学习节奏听课，较好地避免了学生的听课思路因教师变换幻灯片而打断。

雨课堂将教师讲授过的幻灯片即时发送给学生端，有利于学生个性化地调整听课的节奏。在分发幻灯片的同时，每页幻灯片下方都设有“不懂”按钮，学生可以将课程学习中不懂的知识点进行收集整理，并匿名反馈给教师。教师收到匿名“不懂”数据的反馈后，可以有针对性地调整课程节奏并就相关问题予以重点讲解。

（2）课堂习题应答系统。

利用雨课堂的桌面电脑端插件，教师可以在 PPT 中添加题目，进行实时的课堂测验。同时，教师可以设定学生提交的时限，学生则通过手机微信中的界面作答。在答题过程中，教师可以随时了解学生的答题详情，并给答得又快又好的学生奖励“课堂红包”。答题结束后，教师可以选择性地向全班学生公布答题情况分布，以便学生了解自己在班级中的位置。

（3）“手机课件”推送。

利用雨课堂桌面电脑端的 PPT 插件，教师可以快捷地将一个编辑好的 PPT 文件转换成一组版式与 PPT 一致的网页，并通过手机微信端的操作将课件推送到对应班级学生的微信中。这类用于推送的课件，在雨课堂软件系统中被称作“手机课件”，它可以包含各类网络视频（含 MOOC 视频）、习题、投票以及教师个人的语音。利用“手机课件”的制作功能，教师可以在短时间内制作出一个内容丰富的微课；学生查看后，可以利用“报告老师”功能向教师反馈学习过程中遇到的问题和对老师的建议。基于移动互联网和智能手机等移动设备的推送特性，雨课堂一方面能督促学生养成预习的习惯，另一方面也给教师提供了许多有用的学生学习数据。在课外时间向学生推送“手机课件”，是利用雨课堂开展混合式教学的有效手段。通过课前课后的课件推送，教师可以布置课前学习任务，让学生自行学习一些相对简单的知识要点，形成学习支架。之后，在课中再开展高阶的交流互动，讲解相对较难理解的知识要点。

（4）“弹幕式”课堂讨论。

雨课堂将视频网站中为青少年所喜爱的弹幕功能移植到了课堂环境中。弹幕具有“后台实名制”的特点，能促使学生更为踊跃地表达自己的观点。此外，由于多条弹幕可以同时出现在屏幕上，因此不同于传统课堂的学生发言，弹幕的引入实现了全班学生集体的“并行讨论”，有利于教师更全面地了解不同学生的想法。在课堂互动中引入弹幕，对学生而言有着天然的亲切感。同时，“弹幕式”课堂讨论能够增加课堂的时尚感，拉近师生之间的心理距离，并促进师生之间的了解和互动。

（5）数据采集与分析。

雨课堂的课内限时习题、“不懂”按键、“弹幕式”讨论、推送“手机课件”等功能可以自动采集学生在使用过程中产生的所有学习行为。这些数据被整合分析后，将帮助教师量化了解学生的学习效果，从而让教师更好地评估教学过程，进而调整教学策略。

第四节　微信小程序丰富教学

一、微信小程序

1. 微信小程序概述

微信小程序是基于微信平台的一款轻应用，不需要下载与安装，用完即走，使用起来简单轻松。我们把能支持教学活动的小程序集成称为教育类微信小程序。教育类微信小程序简单易学，实用易用，且能满足各种教学活动的需求，既能减少教师学习掌握运用新技术的时间又能支持教学活动，既能为教师减负又能促进教师专业发展，符合“极简教育技术”的理念，是教师需要的极简教育技术。

微信小程序于 2017 年 1 月 9 日正式上线。对于什么是微信小程序，微信创始人张小龙解释道，“小程序”是一种不用下载安装就可以使用的应用，用户只需扫一扫或搜一搜就可以使用，实现了应用“触手可及”的梦想，也体现了“用完即走”的理念，不需要担心应用缓存的问题。简单来说，小程序就是一个不需要下载和安装的应用，只要在微信搜索自己需要的小程序，或者通过扫描小程序二维码就能使用它。另一种理解认为，微信小程序是一个 APP 推广平台，用户每关注一个应用号就相当于安装了一个 APP，某种程度上可以把微信小程序说成是一个应用程序商店，主要功能就是应用的推广。小程序的目标是“轻量级服务”，它是连接人与人、手机与应用软件、人与物、线上与线下、现实与虚拟空间的接口，是受教师欢迎的极简教育技术。

2. 微信小程序的优势

微信小程序有很多的优势，本书主要从用户、开发者、商家三个维度来阐述。

（1）对于用户而言，微信小程序无须下载，用完就走，用户省流量省安装，对于一些不是经常使用但又刚需的应用，小程序即可很快帮助用户体验；小程序不占手机内存，即使用户手机不是 64G、128G 内存，使用起来也会非常流畅，不卡顿，可延长手机使用时间；小程序的使用不需要多余的跳转，一步到位，即搜即所求；虽然小程序最大不超过 5M，但使用体验堪比原生 APP，与微信无缝打通，不需要注册登录等烦琐操作，更没有 APP 默认的开启广告，也不会主动给用户发送提示消息而使用户接受繁多无用信息，造成体验不佳等不良情绪；小程序的用户界面和操作流程统一，用户使用起来非常简单；小程序可以让用户不管到哪里都可以了解周围有什么商家，方便生活，还可以使用小程序排队点餐等，提高生活效率；小程序为移动学习增添了一种新渠道，可以满足用户碎片化学习与分知识点学习的需求，能够解决教学中的实际问题，减轻师生工作强度，提高教学效率和质量，并且有利于促进教学方式的改革，让教育信息化落地。

（2）对于开发者而言，小程序的开发成本低、耗时短、相对简单、故障率低、流畅程度高。开发一个小程序，只需一名设计人员、一名前端开发人员，还有一名服务器端开发人员即可，相对 APP 来说大大减少了人力与资源的需求和成本，而且完成一个小程序的开发大概只需要一周时间。这样小程序开发者可以将更多的财力、人力、精力放在如何运营好产品、做好内容本身上，获取更多的用户，得到更多的口碑与利益，树立自己的品牌。

（3）教育行业的商家利用小程序向用户提供随时随地的碎片化学习，帮助学习者减少无效资源搜索的时间与精力，有针对性地向学习者提供有效资源。小程序是基于微信10亿用户的平台，每个小程序都是相互独立的，可以单独提供服务、关系维护、实现口碑营销、积累忠实粉丝等。

二、常见的教育类微信小程序

教育类微信小程序至今没有明确的定义，上海师范大学黎加厚教授团队将其定义为可以支持教师和学生教与学的教学活动的小程序。教育类微信小程序在教学中有广泛的应用，课前准备时可进行资料搜索、笔记管理、教案设计、资源准备等，在教学的过程中可利用小程序进行教学组织、信息传递、课堂互动、实时反馈等，在课后可进行教学拓展，如小程序可作为回家作业、社群交流、学习工具、班级文化的技术辅助。教育类微信小程序还可以用来支持教育科研、中华文化的宣传与学习、个人的健康运动、内在艺术修养的提升等。

2012年，董玉琦教授及其团队提出学习技术（CTCL）研究范式，即学习者使用技术促进自身对学习内容的学习。董玉琦教授及其团队认为技术促进学习的境界主要是从学习方式转变的研究至学业水平提升的研究再上升到综合素质改善的研究。教育类微信小程序作为支持各种教学活动的工具类应用，在教育信息化2.0发展的大背景下，发展教师专业技能的前提下，碎片化学习与分知识点学习的特征下，为移动学习增添了一种新渠道。

1. 小打卡

"小打卡"涵盖知识社群、运动健身、阅读、英语学习、课程培训、早睡早起习惯等多种签到打卡场景，是一个分享平台（日志递交模式）和控制平台（每天打卡模式），同时是一个兴趣圈子平台，通过上面活跃着的数百万个兴趣圈子，你可以轻松认识有共同目标和价值观的人。

（1）功能特征。

通过"小打卡"程序，教师可以上传、发布和删除主题。发布方式和朋友圈类似，但发布内容更多，而且支持图文混排。打卡主题有闯关模式和经典模式两种：经典模式指用户一进打卡圈子，不需要打卡就可以查看到所有主题；闯关模式类似于闯关游戏，将根据成员加入打卡的时间，来推送相应的打卡关卡。主题模式一旦选定后，将不能更改，除非删除所有主题。发布主题后，可以根据本次的主题布置课后作业和设置打卡要求等。如果是用圈友，则直接选择打卡即可，打卡同样支持图文混排。通过管理后台，可以进行打卡时间设置 、补打卡设置、打卡提醒时间设置、圈子隐私设置、日记规则设置等。通过管理，可以有效实现监督。

（2）应用场景。

作为学科教师，可以使用“小打卡”程序定期发布学习内容，或者每天发布作业，并要求学生按时间完成。“小打卡”支持图文混编排版，还可以添加图片、声音、视频等，如英语类的音频、视频等学习材料等。作为班主任，可以发布活动或者社会实践主题，家长、社工都可以参与进来。作为教研员，可以使用“小打卡”组织网络教研。作为学习爱好者，可以组织读书等圈子，共同提升素养。作为学校管理者，可以使用“小打卡”管理某项学校任务或者活动的进度。“小打卡”微信小程序可以充分整合线上线下资源，有效督促，兴趣共享，及时反馈，科学评价，进而有效地提升学校管理和教学效率。

2. 腾讯文档

腾讯文档是一款免费文档工具，支持随时随地创建、多人协作式编辑。目前已支持 Word 和 Excel 文档，具有多端同步、云端实时保存、支持多人编辑、浏览权限安全可控等特点。

（1）功能特征。

通过腾讯文档小程序，可以随时使用移动终端新建文档和在线编辑，包括 Word 文档、Excel 表格、收集表、文件夹等，同时支持导入本地文档。因为使用微信或者 QQ 登录，所以在所有平台的终端都可以多端互通，实时同步更新。腾讯文档支持多人同时查看及编辑文档，这样就减少了互相传递文件的麻烦，还可以对修订记录及版本进行追溯。通过文件夹共享，可以轻松实现文件同步。腾讯文档还有一些实用小工具，比如中英互译、模板套用等，让文档更智能。通过腾讯账户登录，可以对文档及文件夹进行权限设置，通过加画水印等方式也可有效保障文档安全。

（2）应用场景。

作为学校管理者或者班主任，可以通过在线表格和在线收集表，同步完成个人信息收集、通讯录、问卷调查、工作计划填写、活动进度更新等事项，再也不用进行复制粘贴等重复枯燥的操作。作为教研员，可以利用在线文档，实现远程集体备课，或者通过在线收集表进行问卷调查。作为教师，可以将腾讯文档作为网盘使用，实现泛在学习和移动办公。腾讯文档和腾讯账号无缝对接，通过简单、安全、有效、免费的低成本方式实现了基本的文档共享及同步功能，为教育工作者实现移动办公和学习提供了一个新的选择。

3. 传图识字

传图识字小程序是一款完全免费但功能强大的图片识字工具软件。该程序通过图片扫描识别技术，将图片上的文字转化成可编辑的文字，并支持复制粘贴功能，可用于文字识别、拍照翻译、手写识别等场景。

（1）功能特征。

使用传图识字小程序，将拍摄的印刷字体文档或者手写文档，或者本地相册中已经拍好的含有文字的图片导入，然后进行解析，最后选择需要的文字进行复制或者直接导出即可。同时，还可以对解析后的文字进行编辑，并翻译成英语、法语、日语等多种语种。

（2）应用场景。

教育工作者处理图片文件时，可以通过传图识字，迅速将 PDF 或者图片格式的文件内容转化成可编辑的文字，再转给需要的人。教师日常阅读图书杂志时，遇到有所感悟的名言警句，也可用手机拍照并通过传图识字迅速记录到移动终端。爱好用笔写作的教师，还可以迅速将手写文档转换成电子文档，省去了人工再次录入的麻烦。在国外旅游或者阅读外文文档时，碰到不认识的单词或者句子，还可以直接拍照翻译，解决了语言不通的问题。传图识字小程序轻巧但功能强大，可以快速实现图片到文字的转换，为教育工作者提供了一个 OCR 识别及语言翻译的简单而有效的人工智能工具。

第五节　现代化新型教学模式

随着信息技术的不断发展，教育也在不断推进信息化，各种现代化的新型教学模式不断涌现。这些模式大力倡导“自主、合作、探究”的学习方式，积极转变教育观念，营造师生互动、生生互动的课堂氛围，打造“以学生为中心”的课堂教学新模式，让课堂真正变成学生愿学、乐学的学堂，让学生尽情展示自我，张扬自己的个性，充分培养学生的综合能力。自 2012 年以来，微课、慕课、翻转课堂等一系列新型教学模式如雨后春笋般应运而生。

一、微课

1. 概念

微课以微视频为主要形式，由教师讲授课程内容，通过对 PPT 或电子书写板录屏外加录音的方式制作。一个微课长度一般不超过 10 分钟，内容言简意赅，主要针对某确定教学目标，集中说明一个问题或知识点。一组微课可构成一个完整的教学环节设计。美国圣胡安学院的戴维·彭罗斯在 2008 年第一次提出了微课概念，以某关键知识点或主题为教学内容，录制 60 秒的微视频课程，将其应用于在线课程中。国内于 2010 年首次提出微课的概念，经过多年不断发展与完善，微课通常指围绕某个课题、知识点而展开的，以视频为主要载体的教学资源。

2. 微课的特点和优点

（1）微课教学时间较短，一般不超过 10 分钟。教育学认为开始的 10 分钟左右是学生学习状态最好的时候，微课的时长与学生的学习规律和认知特点相吻合。

（2）教学内容较少，可使问题聚焦，主题突出，观点明确，利于学生理解和记忆。

（3）资源存储空间小，可在线流畅播放，也可下载实现移动学习和重复学习，易于传播。

（4）以短视频为主，辅以在线测试、交流反馈等手段，构成情景化的学习资源。

二、慕课

1. 概念

所谓“慕课”，是 Massive Open Online Courses（MOOC）的英文首字母缩写的中文音译，意为大规模在线开放课程。维基百科对其是这样界定的：“慕课”是指那些由参与者发布的课程，这些课程教材也散布于互联网上。只有当课程是开放的，才可以称之为“慕课”；只有这些课程是大型的或者叫大规模的，它才是典型的“慕课”。“慕课”是新近涌现出来的一种在线课程，它发端于过去的那种发布资源、学习管理系统以及将学习管理系统与更多的开放网络资源综合起来的课程开发模式。它既不完全等同于近些年兴起的网络教学视频共享公开课，也区别于传统的远程教育，基于网络的学习软件或在线应用更不属于慕课的行列。就目前我们接触到的慕课，即大规模在线开放课程，可以总结出，“在慕课模式下，所学的课程、课堂教学、学生学习进程、学生的学习体验、师生互动过程等被完整地、系统地在线实现”。时代在进步，慕课的内涵也将会在具体的教育实践中得到不断地深入和检验。

2. 慕课的特点

（1）开放性和规模性。慕课作为网络在线开放课程，数以百万计、来自世界各地的人都可以通过网络同时进行学习和交流。

（2）学习个性化。学生可以从海量的课程中根据自己的兴趣爱好选择课程，并可根据自己的实际情况安排学习进度，并可反复学习。

（3）即时性及交流社区化。网络学习内容的更新速度和即时性是教材知识所无法比拟的，而慕课自带的交流平台可以使师生及学员之间的互动和交流更加方便和迅速。

三、翻转课堂

1. 概念

“翻转课堂（Flipped Classroom）”也称“颠倒课堂”或“颠倒教室”，是相对于传统的课堂上讲授知识、课后完成作业的教学模式而言的。它是指学生在课前观看教师事先录制好的或是从网上下载的教学微视频以及拓展学习资料，而课堂时间则用于解答学生问题、订正学生作业，帮助学生进一步掌握和运用所学知识。传统教学过程通常包括知识传授和知识内化两个阶段。知识传授是通过教师在课堂中的讲授来完成的，知识内化则需要学生在课后通过作业、操作或者实践来完成。而在“翻转课堂”上，这种形式受到了颠覆，知识传授通过信息技术的辅助在课前完成，知识内化则是在课堂中经老师的帮助与同学的协助而完成。

2. 翻转课堂的特点

与传统课堂教学相比，翻转课堂打破了长久以来传承的课堂中老师传授知识、课后学生完成作业的教学流程。学生需在课前完成知识的自主学习，课堂中主要进行答疑、交流、探讨等活动。此外，就师生角色定位而言，从传统课堂以教师为中心的知识传授转变为以学生为中心的混合式教学。并且，教学资源从传统课堂教学的教案、讲义、课件等转变为微课视频等更为丰富的网络资源。

翻转课堂将课堂的重心放在师生之间的互动上。与传统课堂教学比，翻转课堂的师生互动建立在假定学生高质量地完成课前预习任务的基础上，启发学生进行思考，进行交流探讨，加深理解，并在此基础上可能迸发新的灵感。要真正实现翻转课堂的作用，需要学生、老师、教学条件等多方面的配合。学生需要有足够的自觉性，高质量地自主完成课前预习任务，这样才有可能在课堂上开展充分的讨论，否则老师又要将教学内容在课堂上从头讲授，根本不可能再开展答疑、交流等活动。老师需要更广的知识储备、更好的现场把控能力、更灵敏的反应能力等，才能引导学生进行深层次的思考。教学条件也需要跟上，才能满足师生使用网络资源、交流反馈等教学需要。

第四章
信息化教学设计

教育技术是为教学服务的，从教育技术的AECT’94及05定义可以看出，教学设计是教学工作的第一步，也是教学实践过程的第一阶段。目前，教学设计在学校教育、全民社会教育和各行各业的职业教育及培训领域中都得到了广泛的应用。本章主要分析信息化教学设计概念及其理论基础、信息化教学设计模式、信息化教学设计的原则及策略三个方面，以更好地引导读者了解信息化教学，持续提升读者的专业能力与信息技术应用能力。

第一节　信息化教学设计概述

随着信息技术在各个领域的不断渗透，教学设计理念也必须与时俱进。信息化教学设计实质上是信息技术与教学设计完美结合后形成的新的教学设计理念。通过前几个章节的学习可知，我们不仅要充分地利用信息化教学环境和现代教学技术来完成高质量的教学，同时还要掌握与信息化教学设计相关的理论和基本方法。

1. 教学设计

教学设计也称教学系统设计，是根据课程目标的要求和教学对象的特点，将教学诸要素有序安排，确定合适的教学方案的设想和计划，是一个由教师、学生、教学资源和教学内容等诸多因素组成的复杂系统。各要素之间相互联系形成一定的整体结构，通过对教与学的过程和教与学的资源的系统安排，共同完成一定的教学目标。一般包括教学目标、教学重难点、教学方法、教学步骤与时间分配等环节。教学设计的主要环节如图 4–1 所示。

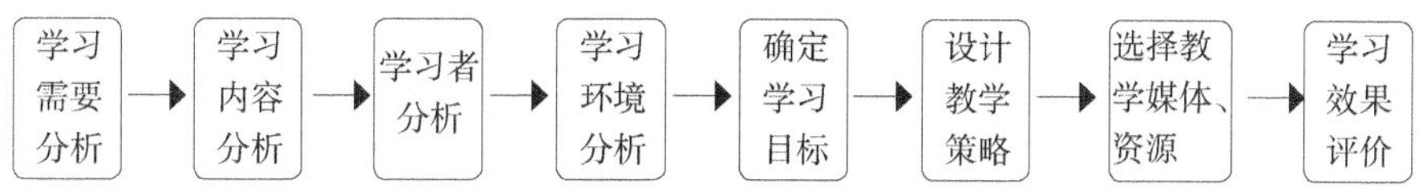

图4–1 教学设计的主要环节

2. 信息化教学设计

所谓信息化教学设计是在综合掌握现代教育教学理念的基础上，充分利用现代信息技术和信息资源，科学安排教与学过程的各个环节和要素，为学习者提供良好的信息化学习条件，实现教学过程最优化的系统方法。其目的在于培养学生的信息素养、创新精神、实践能力和综合能力，从而增强其学习能力，提高学业成就，并使他们最终成为具有信息处理能力的、主动的终身学习者。

信息化教学设计以建构主义学习理论为指导，它与传统的学习方法、行为主义的教学设计以及经典的计算机辅助教学（CAI）有很大的不同，具有自身的设计基本原则和评价标准。

3. 信息化教学设计与传统教学设计的比较

以建构主义学习理论为指导，信息化教学设计充分地利用现代化手段在教学环境设计、教学理论等方面对传统的教学设计进行改进。本节主要从以下三方面分析传统教学设计与信息化教学设计之间的差异。

（1）理念的转变。

与传统的教学设计相比，信息化教学设计的理念在以下几个方面发生了转变：

①信息化教学设计的过程是动态的，目的在于激发学生兴趣，让学生充满活力；

②信息化教学设计主要是教学资源设计，让教师从解读教材转变为引导知识学习；

③信息化教学设计注重对学生学习能力、创新能力、综合素质能力

的培养，在评价时关注学生能力的形成。

④信息化教学设计突出“学”，以学生为中心，从学生的学习需求出发；

⑤信息化教学设计是非常灵活的，不仅是基于信息化背景的学习资源的设计，也是面向整个教学过程的设计，实施过程也会根据具体情况灵活改变。

（2）角度的转变。

信息化教学设计相对于传统的教学设计来说，其关注角度发生了从注重教学内容设计到注重教学过程设计的转变，如表 4–1 所示。

表 4–1　从教学内容设计到教学过程设计的转变

项目	传统教学内容设计	信息化教学过程设计
设计核心	教案编写、课件开发、以教学内容设计为中心	教学过程/模式设计、注重教学资源利用
学习内容	单学科知识点	交叉学科专题
教学模式	操练/练习、讲授/辅导、模拟演示	研究性学习、探究性学习、合作性学习
教学周期	课时	周、学期
教学评价	面向反应性行为	面向学习过程
教学管理	反应史记录	档案袋评价

（3）两者特征不同。

与传统教学设计相比较，信息化教学设计有着不同的特征，主要表现如表 4–2 所示。

表 4–2　信息化教学设计与传统教学设计特征对比

项目	传统教学内容设计	信息化教学过程设计
关键要素	传统教学设计	信息化教学设计
教学策略	教师导向	学生探索
讲授方式	说教性讲授	交互性指导
学习内容	单学科的独立模块	带真实任务的多学科延伸模块
作业方式	个体作业	协同作业
教师角色	教师作为知识的施与者	教师作为帮助者
分组方式	同质分组	异质分组
评估方式	针对事实性知识和离散技能的评估	基于绩效的评估

4. 信息化教学设计的基本特征

在数字化的今天，对有用信息的获取、筛选、鉴别、加工及处理，掌握信息化教学手段将是21世纪乃至未来每个教师都应该具备的能力，这样不仅有利于全面推进素质教育，也可以在教学活动中激起学生的求知欲与学习兴趣。以建构主义学习理论为指导的信息化教学设计非常强调学生的主体能动性，在教学设计过程中不仅尊重学生的个体化差异，也十分注重学生群体之间的协作与交流。

为了实现更高的教学效率，教师了解信息化教学设计的基本特点十分有必要。信息化教学设计有以下基本特征：

（1）信息化教学设计在设计的过程中十分注重对学生创新能力与实践能力的培养。信息化教学设计强调“学生主体”，在教学设计过程中要充分利用各种资源来支持学生的“学”，学生在教学活动过程中处于主体地位。

（2）信息化教学设计将“问题驱动”“问题解决”作为学习与研究活动的主线，将教学目标组合成新的教学活动单元。信息化教学设计支持三种教学模式，即资源型学习、协作学习、探究式学习。此外，以建构主义和人本主义学习理论为指导的信息化教学设计强调培养学生的现代化能力，即信息能力、批判性思维能力、问题解决能力和创新能力。

（3）整个学习过程的评价标准应该是学生对知识的意义建构。

（4）信息化教学设计要求教师的教学设计和教学任务要根据学生学习的实际水平来确定。教师在进行信息化教学设计时要系统地对教学目标、课程标准、教学资源、活动过程、评价量规、个别指导等进行设计、组织、实施。此外，教师要有终身学习的意识，不断更新、扩展自己的知识水平与文化素养。

（5）信息化教学设计不仅要求教师具备一定的信息意识和素养，同样学生也应该具备一定的信息技术能力。

（6）信息化教学设计就是利用多媒体等技术来更好地实现教学设计以完成教学目标。随着科技的发展，AI技术也逐渐在信息化教学过程中扮演着不可或缺的角色。在信息化的学习环境中，学生成为学习活动过程中的启动者和控制者。

（7）信息化教学是以某个主题为教学单元的整合学习，而教学活动单元内容则决定了教学周期的长短。

（8）教学评价可依据学生的电子作品进行多元评价，而不是终结性的测试。

5. 信息化教学设计的基本过程

信息化教学设计的宗旨是通过设计建构主义学习环境，创设适应学习者内在学习需求的外部条件，以促进学习者有意义学习的发展。这种设计要求掌握建构主义学习环境的基本构成要素，体现有意义学习的基本精神，把教师的主导作用和学习者的主体作用有机地结合起来。

（1）建构主义学习环境的设计。

信息化教学设计，实际上就是要为学习者创设一个建构主义学习环境。建构主义代表人物乔纳森提出了建构主义学习环境模式，分析和阐述了学习环境设计的六大组成部分。

①问题或项目。任何建构主义学习环境关注的焦点都是问题或项目，这也是学习者解决问题的目标。问题驱动学习，构成了建构主义学习环境与客观主义学习环境的根本区别。

②相关的案例。为学习者提供与学习任务相关的经验（案例），以此作为参考的途径。理解问题需要经验，这也正是学习者构建知识体系不可缺少的。

③信息资源。学习者在进行问题研究的过程中，需要利用信息来构建他们的智力模式，形成问题解决的假设，从而驱动问题解决活动。

④认知工具。在建构主义学习环境中，需要提供综合的、新颖的、真实的任务。学习者在完成这些任务的过程中需要工具的支持，因此，要为学习者提供认知工具（如视觉化工具、静态知识呈现工具、造型工具、建构工具、绩效支持工具、信息收集工具等），以拓展学习者的能力，从而使学习者完成这些任务。

⑤交流 / 协作。通过使用以计算机为媒介的交流工具来支持协作和交流。建构主义学习环境能培养和支持学习共同体,或者建立知识共同体。

⑥社会 / 情境支持。提供适宜的环境和情境支持，从而保障建构主义学习环境的有效性。为了有效地支持学习，在建构主义学习环境中，教学支持（如示范、指导和支架等）是必需的。

（2）信息化教学设计的过程。

根据已有的信息化教学实践，结合建构主义所倡导的有意义学习理论和建构主义学习环境设计思想，可以形成一种具有普遍指导意义的信息化教学设计过程，如表 4–3 所示。

表 4–3　信息化教学设计的过程

基本过程	基本内容/要求
分析/确定单元目标	1.分析学生、课程学习的特点；2.确定单元学习目标
界定问题/主题	1.问题/主题/项目的确定应与单元目标一致，具有趣味性、吸引力和挑战性；2.应当反映学科的基本概念、原理、规律/法则；3.充分描述其产生的情境，恰当地呈现/模拟、描述对问题的可操控方面；4.使学生进入问题情境，拥有问题意识或问题的主人翁感；5.对于研究型学习来说，在围绕问题的资源浏览的基础上，提出假设
提供案例/范例	1.为拓展学生的学习经验，提供与主题学习任务有内在联系的案例；2.学生学习案例，考察其与主题学习任务之间的异同；3.案例要有益于唤醒学生已有的知识经验，并与学生已有的知识经验相关联；4.案例必须能描述问题的复杂性，不能以简单化替代复杂化
选择/创建量规	1.根据预期的学习结果形式，选择/创建科学的评价量规；2.量规的选择/创建要符合学习目标、主题任务、学习者心理特点的需求；3.量规应当建立在教师和学生共识的基础上，并且事先要告诉学生
准备资源/技术	1.围绕学习任务，匹配信息化学习资源/技术支持（结合传统学习资源/技术）；2.确定资源获取方式，是由教师提供，还是学生根据任务自行查找：如果教师提供，则教师先要寻找并认真评价相关资源，以确保学生获得可靠的、有用的信息；如果学生自行查找，教师则要设计好查找目的、要求、策略，以免学生漫无目的，浪费时间；3.确定技术的工具作用，特别是认知工具的作用
设计活动过程	1.告知学生需要怎么做，需要遵循哪些步骤才能完成任务；2.围绕学习需求，设计多种多样的学习活动形式；3.把个性化学习、小组协作/交流学习和班级学习有机结合起来

续表

基本过程	基本内容/要求
组织实施	1.学生在具体的学习过程中进行有效的自我管理；2.在实施的过程中经常反思学习活动的进展；3.对学生提供学习建议、咨询帮助和心理激励
评价反思	1.学生展示学习结果（作品），并说明结果产生的过程；2.按预定的量规进行自我评价、同伴评价、教师评价或外部评价；3.创建一个自我评价表，反思自己的学习过程；4.根据评价结果反思学习过程的得失，并提出改进策略

第二节　信息化教学设计模式

随着教育的不断改革，以信息技术为支撑的教学活动与教学过程已经发生了深刻的变化。教学模式是指在一定的环境中，受一定教育思想与学习理论的影响，维持教与学活动各要素之间稳定关系和活动进程的结构形式。所以不管是传统的教学模式还是新型的教学模式，都应能体现一定的教学理论，反映一定的教学思想。新型的教学模式，应反映现代教学理论和先进的教学思想。

一、教学设计模式概述

教学设计的模式是在教学设计的实践中慢慢形成的，主要包括以下几种模式。

1. 教学设计的一般模式

通过对教学设计模式的构成要素分析，以及教学设计的实践，我们得出教学设计的一般模式。教学设计主要是运用系统方法对教学过程中包括教学目标、教学内容、教学对象、教学策略、教学媒体和教学评价在内的诸多要素进行设计和规划的过程。

教学设计过程模式主要是指采用文字或者图解的形式对教学设计的过程（各个要素）进行描述，主要包括以下三个要点：

①教学设计是理论性的，代表着教学设计的理论内容；

②教学设计是对教学设计理论的简化；

③教学设计过程模式是对教学实践的再现。

2. 教学设计的经典模式

随着时代与技术的不断进步，教学设计的总趋势由原来单一的应用科学形式转为多样性的综合形式。在教学设计的过程中要注重以下几点：受教育者的身心发展特点及学习者的需求、教学目标与培养目标、教学资源与教学策略、教学设计的评价与修改。

（1）以“教”为中心的教学系统设计模式。

以“教”为中心的教学系统设计模式，也称为教学系统设计。该模式主要是基于行为主义学习理论和认知主义学习理论，设计的焦点在教学上，强调教师的作用，突出循序渐进、按部就班、精细严密地运用系统方法对教学进行设计。

综合目前各类以“教”为主的教学系统设计模式，有研究者总结出其基本内容包括学生分析、学生需求分析、教学目标分析与确立、教学内容的选择与组织、教学模式、教学方法、教学媒体的选择运用以及教学设计成果评价等诸多要素。

尽管以“教”为主的教学系统设计思想和模式经常受到批评，但我国以“教”为主的教学系统还大量存在，大班授课、教师讲课、学生听课还是主要的教学形式，而且我国的教学系统设计人员比较熟悉以“教”为主的教学系统设计理论和方法，并能在教学实践中熟练地运用。

（2）以“学”为中心的教学系统设计模式。

以“学”为中心的教学系统设计模式是随着多媒体和网络技术的日益普及以及建构主义学习理论被人们所理解才逐渐发展起来的。这种基于建构主义理论的以“学”为中心的教学系统设计，强调发挥学习者在学习过程中的主动性和建构性，有利于创新人才的培养，因此备受教育工作者重视。但以“学”为中心的教学系统设计往往忽视了教学目标分析、忽视了教师主导作用的发挥和师生之间的情感交流，使得学生在自主学习过程中容易偏离教学目标的要求，整个教学过程显得比较散漫。我们可以把迪克－凯里模式应用于以“学”为中心的教学设计中，用此模式来统一以“学”为中心的教学过程，从而达到教学的最优化。

（3）“双主”教学模式。

“双主”教学模式介于“以学为主”和“以教为主”两种模式之间。它不完全是以教师为中心，也不完全是以学生为中心。而是既发挥教师的主导作用，又充分体现学生的认识主体作用；既把“教师中心”和“学生中心”两者的长处吸收过来，同时又避免两者的消极因素；既在必要时充分发挥教师的主体作用，以有利于教师对教学的组织，以及对学生加强品德、人格和情感的教育，又在更多的时候让学生在教师的帮助下主动思考和探索。其理论基础，既有“传递—接受”教学理论和行为主义学习理论，也有建构主义的教学理论和学习理论。由此可见，这种模式符合信息社会对于培养人才的需要，是应该提倡的。这种“双模式”的形成，不但没有削弱教师的作用，反而对教师提出了更高的要求。

二、信息化教学设计模式及其特点

信息化教学模式是建立在建构主义理论基础之上的，其学习环境包含情景、协作、会话和意义建构四个要素。信息化教学模式可以描述为：以学生为中心，学习者在教师创设的情境、协作与会话等学习环境中充分发挥自身的主动性和积极性，对当前所学的知识进行意义建构并用所学解决实际问题。教学模式的改革和创新与教学设计是密不可分的，信息化教学模式必然要求有高质量的信息化教学设计与之相应。信息化教学设计有着自己的显著特点，具体如表 4–4 所示。

表 4-4　信息化教学设计模式的特点

特点	具体内容
教学内容的丰富性与整合性	信息化教学借助互联网技术突破了传统教学人数、地域的限制，不仅能够提供大量的、最新的知识和学习信息，还可以充分调动学生的多种感官，为学生提供一个信息资源丰富、知识量大的良好学习情境；网络为教学提供了丰富的教学资源，这非常有利于解决班级授课制中分层次教学问题、个性化教学问题；将网络资源应用于教学，也可以大幅度提高教学效率；学生可根据兴趣、爱好和具体需求，吸收新技术和新知识，实现对知识信息的加工、组合、整理，满足教育和技能发展的需求
教学设计的开放性与合作性	教学过程的开放性主要表现在以下几个方面：①教学时空的开放性，信息化教学的组织和实施突破了时空界限，学生可以充分运用信息资源，在课堂教学之外随时学习知识，自主选择学习内容和安排学习进度，并随时与教师、同学互动；②教学方式的开放性，在教学过程中改变了教师讲、学生听的灌输式结构，形成了学生讨论、师生合作的教学方式；③思维方式的开放性，借助信息化教学资源以及教学的时空和教学方式的开放性，促进学生思维方式的开放 信息化教学打破了传统的教学封闭模式，突出学生的个性化，提倡教师之间、师生之间、学生之间的合作：①从教师之间的合作来看，信息化教学打破了传统教学中教师的个体性和封闭性，使教师之间利用信息技术建立了更为便捷有效的合作关系，从而实现经验、科研成果的共享，获得更广泛、更有力的教学知识；②从师生之间的合作来看，信息化教学改变了传统教学中师生之间的结构关系，也改变了师生之间的角色地位；③从学生之间的合作来看，信息化教学使个性化学习成为现实，学生可以自主从事学习活动，也可以通过交流协商、集体参与等实现合作学习
教学评价的及时性	在信息化教学中，形成性评价是教学的重要组成部分和推动因素。形成性评价的任务是对学生日常学习过程中的表现、所取得的成绩以及所反映出来的情感、态度、策略等方面的发展做出评价。将形成性评价渗入课堂教学能有效调节课堂气氛，激励学生情感，调动学生的积极性，形成课堂教学的良性循环；能及时地发现教学中的问题，也能及时地反映学生的学习情况。形成性评价是提高学习效率的有效途径

第三节　信息化教学设计的原则及策略

一、信息化教学设计原则

信息化教学设计有两大类型，即基于课程的信息化教学设计和基于课堂的信息化教学设计。在进行信息化教学设计时应该遵循一定的原则，这些原则不仅是教学设计的重要参考，也是评价教学设计的标尺。在进行信息化教学设计时，应该注意把握以下要点：

（1）信息化教学设计的核心是教学过程设计。教师应该更多地运用建构主义理论，重视对信息技术教学情境的创设与教学信息资源的开发，根据学生的经验创设问题情境，善于借助学习资源开展自主探究型学习。

（2）学习内容主要为交叉学科的专题。信息化教学设计更多地关注学生实践能力的养成，使得学生具备实际问题的解决能力和学习迁移能力，以应对信息化社会的挑战。

（3）依据单元教学目标确定教学内容，而不是为了完成课时工作量去安排内容。教学设计开始于教学目标的确定，终于对教学目标实现情况的评价，如此循环往复。

（4）信息化教学设计需要教师充分分析教学目标，认真选择和确定教学内容，并给出教学评价方式、教学时长等。在整个教学活动中要充分体现学生的主体地位，培养学生的创造力与解决问题的能力，大大提升学生的课堂参与度。

信息化教学设计是一种充分利用信息技术手段，基于资源、基于合作、基于研究、基于问题的教与学。信息化教学设计的根本目的是使学习者在意义丰富的情境中主动建构知识。因此，在信息化教学设计过程中应该遵循以下原则，如表 4–5 所示。

表 4-5 信息化教学设计遵循的原则

原则	具体内容
充分利用现代信息技术，营造丰富的学习情境	信息化教学设计强调学生的积极参与，而活动的参与需要一定情境的支持。通过信息技术可以为学生创设多种学习情境。教师要选择和组合各种信息技术创设“一个学习者可以互相合作和支持的地方”，在那里他们使用许多工具和信息资源参与问题解决的活动，实现学习目标
基于信息技术，为学生提供丰富的学习资源	现代信息技术尤其是多媒体和网络技术，能够为学习者提供丰富开放的学习资源，也为有效开展基于问题的学习和主动探究学习等提供了充分的条件。信息化学习资源是信息化教学中的重要因素之一，因而有关信息化学习资源的提供与设计，也是教师在信息化教学设计中的一项重要任务。在信息化教学过程中，教师要充分利用各种信息资源支持学生的学习
强调学习者自主学习	在信息技术环境中进行学习时，学习者的自主性将发挥巨大的作用，包括对于学习内容和学习方式的选择等。因此，信息化教学设计十分重视学习者的主体作用。信息化教学设计以学为中心，注重学习者学习能力的培养；不论以“任务驱动”还是“问题解决”等方式开展学习或研究活动，在相关的有具体意义的情境中教授学习策略和技能时，教师都应该充分尊重学生的主动性和自主性
突出开放性	开放性是信息化教学设计的一个特征，也是学习环境、学习资源等信息化教学要素的重要特征。开放包含了丰富和多样，信息技术本身也为开放提供了可以实现的条件。信息技术为教师和学生提供了形式多样的沟通方式和内容呈现形态，这些都为学生开放的学习方式创造了可能性。就学习指导者而言，除了教师，各行各业的专家都可以对学习者的学习予以指导和帮助
在信息化环境中完成意义建构	建构主义学习理论强调学生是认知主体，是意义的主动建构者。在信息化教学设计中，要把学生对知识的意义建构作为整个学习过程的最终目的。信息化教学设计通常不是从分析教学目标开始的，而是从“如何创设有利于学生的意义建构的情境”开始的，整个教学设计过程紧紧围绕“意义建构”这个中心而展开
强调针对学习过程和学习资源的评价	信息化教学设计的评价，其评价目标不仅仅是针对教师的教学结果，同时也强调学生在学习过程中的表现、教师提供的学习资源对学生学习的影响情况等。信息化教学设计是一个连续的、动态的过程。在学习过程中，教师通过不断的研究和质量评估收集数据，使用过程性评价达到改进设计的目的；由于信息化学习资源种类繁多，为了有效地利用信息化学习资源，教师必须对资源进行优化选择

二、信息化教学设计的策略

信息化教学设计，目的是充分利用信息化资源环境，设计自主探究学习过程，培养学生的解决问题的能力、创新意识和创新能力。信息化教学设计及其组织实施的大致过程是：将课程内容按照国家标准和实际教学进度进行重新组合，提出一个核心问题及其相关问题，形成问题情境和任务活动，组织、优选学习资源，设计学生学习过程，指导学生自主学习、协作化学习，动手操作，参与实践，广泛收集、处理信息资源，获得知识，得出结论，以电子作品形式提交任务完成报告，再对学生电子作品进行多元化评价。

1. 创设教学情境的内涵

学习总是与一定的社会文化背景即“情境”相联系的，在实际情境下进行学习，可以使学习者利用自己原有认知结构中的有关经验去同化或顺应当前学习的新知识，从而赋予新知识以某种意义。建构主义理论强调教学情境的创设，认为提供一个丰富的情境使学生在其中探究、交互作用对知识的理解是至关重要的。在情境创设过程中，也有一些需要注意的问题，如学生的积极性、主动性问题。一般而言，学生的学习积极不积极、主动不主动，在很大程度上取决于情境创设的质量。教师应该从学生的实际出发，在课堂教学中根据教学内容精心创设各种教学情境。信息化教学设计的情境创设，简单地来说就是基于特定的教学目标，创设问题情境以及将学习的内容安排在信息技术支持下的比较真实或者接近真实的活动中。

2. 常见的教学情境

利用信息技术和信息资源创设接近真实的情境的方式有很多，其使用的方法也因不同的学科和内容而具有很大差异，通常有以下几类教学情境：问题情境、故事情境、模拟实验情境、协作情境。

（1）问题情境：信息化教学设计的核心是创设问题情境。良好的问题情境能有效地激发学生的学习兴趣，引起学生的好奇心，同时增强学生的学习欲望，为学生提供良好的学习环境。在教师创设的问题情境下，学生通过观察、分析，产生学习新知的心理取向，从而自主去研究问题，解决问题。在信息化教学设计中，用信息化手段创设问题情境，提供学习资源，指导学生自主学习，可以为进一步的讨论和协作学习提供依据。因此，教学中应该注意利用信息技术和信息资源创设问题情境，激发学生参与主动性。

（2）故事情境：在信息化教学设计中创设故事情境，就是将教学内容通过各种信息技术和信息资源，以“故事”的形式展现给学生。实验心理学理论告诉我们，可以通过视觉、听觉等多种感官来获取信息，并且多感官的刺激有利于知识的保持和牵引。创设故事情境就是要利用丰富的信息资源，调动学生尽可能多的感官理解来建构知识。

（3）模拟实验情境：实验室是学生学习的重要场所之一，恰当的实验可以使学生把当前学习内容和自己已经知道的事物相联系，并以这种联系加以认真思考，从而建构起当前所学知识的意义。但实验的条件在课堂上并不能都得到满足，创设模拟实验情境可代替其功能。学生一方面按照教师的要求及学习目标模拟练习，以巩固新知识；另一方面凭借想象，再现表象，展开联想，体会实验的乐趣，得到成功的体验，从而强化对问题的求解能力。

（4）协作情境：在信息化教学设计中，创设协作情境，就是利用网上多种交流工具如BBS、可视化语音聊天室、电子邮件等，通过竞争、协作、伙伴和角色扮演等方式进行学习，并针对某一个问题展开讨论交流，共同完成学习任务。一般情况下，在信息化教学设计中创设协作情境，包括以下几个步骤：整合信息资源，确定学习任务目标，小组学习，小组学习成果交流，教师总结与评价。

协作情境与外部世界具有很高的类似性，容易实现知识向现实世界的迁移，有利于高级认知能力的发展、合作精神的培养和良好人际关系的形成。在信息化教学设计中创设协作情境，实现了时间和空间上的连续，同时，交互变得更加容易控制，学习者的角色也可以进行隐藏。此外，教师的角色也发生了根本转变，他们要掌握的不仅仅是教学内容的逻辑、序列和目标的合理安排，更多的是学生的协作情况、学习过程的规划设计等。

3. 创设教学情境的过程

（1）明确教学目的，研究教学内容，分析教学内容各维度，确定教学目标的落实。

课堂教学总是要实现一定的教学目标的，也有一定学习内容的预设。教学情境是为实现课堂教学目标和完成教学内容服务的，因此，教师要创设一个好的教学情境，必须掌握学科课程标准中不同阶段的学生在知识与能力、过程与方法、情感态度与价值观等方面的具体教学目标，掌握课程的性质、目标、学习的内容框架，认真落实课程标准中相应的教学和评价建议。

（2）了解学生实际认知情况和生活经历，使用与学生生活和实际经验密切相关的教学情境素材。

教学情境是学生能够主动建构学习的必要条件，因此，教师所创设的教学情境必须符合学生的认知状况，必须贴近学生生活。教师可以通过家访、与学生交谈以及师生共同参与各种活动等机会深入了解学生，积累各种有用的素材和信息。这样在创设教学情境时，能够从学生熟悉的生活中找到并筛选出学生感兴趣的、具有挑战性的，能自由参与、探索与创新的课程资源。当然教学情境素材的选择既不能脱离生活，也不能简单地还原为学生的生活，教育的内容和活动是对生活的提炼和对生活的超越。

（3）在较为丰富的课程资源中进行筛选。

新课程标准要求教师必须要有课程资源的意识，把校内、校外、自然、社区的课程资源以及信息化的课程资源都开发利用起来，这样才能有大量可供选择的素材，并从中筛选出最适合创设教学情境的课程资源。

课程资源是丰富的、大量的，具有形象、生动活泼和学生可参与性等特点，能给学生多方面的信息刺激，从而调动学生多种感官参与活动，激发学生学习兴趣。通过融入课程资源的教学情境，学生得以增长知识、培养能力、陶冶情操。在信息化教学设计中，教师面临的不是创设一个或几个教学情境，而是为每个教学内容所创设的教学情境都是恰当的、有效的，这需要大量的课程资源的支持。

教师应当树立新的课程资源观，发挥课程资源的作用，使各种资源和学校课程融为一体，更好地为教育教学服务。学生应该成为课程资源的主体和学习的主人，应当学会主动地、有创造性地利用一切可用的资源，为自身的学习、实践、探索活动服务。教师应该成为学生利用课程资源的引导者，应当围绕学生的学习，帮助学生走出教科书，走出课堂和学校，充分利用各种校外资源，在社会大环境里学习和探索。

（4）精心设计教学情境和教学方案。

准备创设教学情境和制订教学方案时必须解决下列问题：教学目标的确定与书写、教学材料的处理与准备、主要的教学情境与教学行为的选择、教学组织形式的设计、教学方案的编制。在创设教学情境时可以设计几个方案，必要时也可以征求一下学生的建议，或多与其他教师进行讨论，然后再确定教学情境创设的方案。在教学设计和教学情境的创设时要考虑为学习者提供合理的理解知识的概念支架。

（5）准备教学设备和试操作。

利用创设的教学情境进行教学时，需要大量运用信息技术手段开发的课程资源，将涉及大量学生的动手操作、分组合作、交流研讨等学习活动，还可能涉及大量设备的使用、素材的收集、活动的组织等等。因此，教师需要提前准备好相关教学设备，并进行试操作，以保证教学活动的顺利进行。

（6）准确预判学生已有的直接经验。

学生在课堂上要获得真正发展，必须积极参与到建构知识的活动当中。建构活动是学生的知识经验对课程资源的意义加工和重组。因此，在教学过程中调集学生已有的经验，并促使其与要学习内容发生相互作用而建立起实质性非人为的联系，就显得尤为重要。教师在教学方案的预先设计中，可能已经对学生的直接经验有所估计，但只有在与学生的教学交往中，才能对学生拥有直接经验的状况做出准确判断。

（7）教学过程的实施。

在课堂教学中，按照事先预设好的教学情境和教学程序展开教学时，教师应当充满激情地利用所创设的教学情境，激发学生的学习动机，培养学生的学习兴趣；为学生准备各种便利，为学生的学习服务；建立一个接纳的、支持性的、宽容的课堂气氛；作为学习的参与者，平等参与学生的研究，注意发现学生思维的闪光点，并与学生分享自己的情感和想法；和学生一道寻找真理，并且能够承认自己的过失和错误。教师还要成为学生学习的促进者。学生在自主探索、实验或讨论时，教师要积极地看、积极地听，设身处地地感受学生所思所想，随时掌握课堂中的各种情况,并考虑下一步如何指导学生学习。教师要给学生心理上的支持，创设良好的学习氛围，采用适当的方式给学生以心理上的安全和精神上的鼓舞，使学生的思维更加活跃，探索热情更加高涨。

创设信息化的资源环境是信息化教学设计的重要内容。在信息化教学中，教师能够提供什么样的信息资源环境或者学习者能够获取什么样的学习资源直接决定了学习者最终的学习效果。

在信息化教学中，教师不仅要拥有丰富的知识资源，还应具备设计、开发、利用和评价信息资源的能力。教师不仅要传授知识，还应该引导学生搜索、获取和处理信息。教师不仅要研究“如何教”，还要设计“如何学”。

第五章
技术促进教学改革

随着现代教育技术的不断发展，新的技术特别是虚拟现实技术、教育游戏、大数据、云计算等不断应用于教育教学中，从诸多方面改变了当前的教育教学方式。

第一节　虚拟现实技术与情境教学

虚拟现实技术兴起于20世纪末，是一门综合性交叉性技术，涉及AR、VR、多媒体技术、传感技术、人机交互、人工智能等多个领域。随着信息技术的深入发展，虚拟现实技术在医疗、教育、生物科学、人工智能等领域被广泛应用。虚拟现实技术改变了传统的人与计算机之间被动、单一的交互模式，用户和系统的交互变得主动化、多样化，因此虚拟现实技术被认为是21世纪发展最为迅速、对人们的工作生活有着重要影响的计算机技术。

一、虚拟现实技术概述

1. 基本概念

虚拟现实是从Virtual Reality一词翻译过来的，简称“VR”。肯·皮门特尔（Ken Pimentel）和凯文·特谢拉（Kevin Teixeira）在《虚拟现实：透过新式眼镜》一书中，将虚拟现实定义为：一种浸入式体验，参与者戴着头盔，能看到三维立体图像，声音的传达也将更加逼真。人们可以在三维世界里自由地探索并与之交互。

凯西·拉里贾尼（Casey Larijani）在《虚拟现实初阶》一书中认为，虚拟现实提供了一种新的人机接口方式，用户沉浸在用新技术创造的虚拟世界中并扮演积极的参与者角色。虚拟现实正在试图消除人机之间的差别。

我国著名科学家钱学森教授认为，虚拟现实是视觉的、听觉的、触觉的以至嗅觉的信息，使接受者感到身临其境，但这种临境感不是真的身临其境，而是一种虚拟的世界。为了使人们便于理解和接受虚拟现实技术的概念，钱学森教授按照我国传统文化的语义，将虚拟现实技术称为“灵境”技术。

我国著名计算机科学家汪成为教授认为，虚拟现实技术是指在计算机软硬件及各种传感器（如高性能计算机、图形图像生产系统、特制服装、特制手套、特制眼镜等）的支持下生成的一个三维立体，具有一定视、听、触、嗅等感知功能的虚拟环境；用户在这些新兴信息技术设备的支持下，以简捷、自然的方法与由计算机所产生的“虚拟”世界中的对象进行交互作用。虚拟现实技术是现代高性能计算机系统、人工智能、计算机图形学、人机接口、立体影像、立体声响、模拟仿真等技术综合集成的结果，目的是建立起一个更为和谐的人工环境。

我国虚拟现实领域的资深学者、中国工程院院士赵沁平教授认为，虚拟现实是以计算机技术为核心，结合相关的科学技术，生成一定范围内与真实环境在视、听、触感等方面高度近似的数字化环境。用户借助必要的装备与数字化环境中的对象进行交互作用、相互影响，可以产生亲临对应真实环境的感受和体验。

总之，目前学术界普遍认为，虚拟现实技术是指采用以计算机技术为核心的现代高新技术，生成逼真的视觉、听觉、触觉一体化的虚拟环境，参与者可以借助一定的现代化设备，以自然的方式与虚拟环境中的物体进行交互，并相互影响，从而获得等同真实环境的感受和体验。虚拟现实技术利用各种传感器把人在某种真实情景中所能感受到的各种信号记录下来，或利用其他手段来产生信号，并把各种信号的次序、位置、强弱、彼此间的组合搭配关系制成计算机软件。通俗地说，虚拟现实系统就是由计算机生成一个逼真的三维的视、听、触等虚拟感觉世界，参与者能够有机地融入这一虚拟的环境中，并产生“真实”的体验。不仅如此，借助专用设施或装置，参与者还能对虚拟的物体进行触摸、抓取或释放，与虚拟的对象进行交谈，等等。

虚拟现实系统中的虚拟环境，包括以下几种形式：

（1）模拟真实世界中的环境。这类环境可能是已经存在的，也可能是已经设计好但还没有建成的，或者是曾经存在但现在已经发生变化、消失或者受到破坏的。例如，地理环境、建筑场馆、文物古迹等。

（2）人类主观构造的环境。此类环境完全是虚构的，虽然用户可以参与其中，并与之进行交互。例如，影视制作中的科幻场景，电子游戏中的三维虚拟世界。

（3）模仿真实世界中人类不可见的环境。这类环境是真实环境，也是客观存在的，但是受到人类视觉、听觉器官的限制，不能确切感知。例如，分子的结构，空气的湿度、温度、压力等。

虚拟现实技术是仿真技术的一个重要方向，是仿真技术与计算机图形学、人机接口技术、多媒体技术、传感技术、网络技术等多种技术的集合，是一个富有挑战性的交叉技术前沿学科和研究领域。

2. 虚拟现实技术的特性

虚拟现实技术基于动态环境建模技术、立体显示和传感器技术、系统开发工具应用技术、实时三维图形生成技术、系统集成技术等多项核心技术，围绕虚拟环境表示的准确性、虚拟环境感知信息合成的真实性、人与虚拟环境交互的自然性，通过实时显示、图形生成、智能技术等问题的解决，使得用户能够身临其境地感知虚拟环境，从而达到探索、认识客观事物的目的。

1994 年，美国科学家伯迪（Burdea）和柯菲特（Coiffet）在《虚拟现实技术》一书中提出了虚拟现实技术的特征，常被称为 3I 特征，分别是交互性（Interaction）、构想性（Imagination）和沉浸感（Immersion）。

（1）交互性。

交互性指用户对模拟环境内物体的可操作程度和从环境得到反馈的自然程度。交互性的产生主要借助于虚拟现实系统中的特殊硬件设备，如数据手套、力反馈装置等，使用户能通过自然的方式，产生与在真实世界中一样的感觉。虚拟现实系统比较强调人与虚拟世界之间进行自然的交互，交互性的另一个方面主要表现在交互的实时性上。

例如，模拟驾驶系统中，用户可以控制包括方向、挡位、刹车、座位调整等各种信息，系统也会根据具体变化瞬时传达反馈信息。用户可以用手直接抓取模拟环境中虚拟的物体，这时手有握着东西的感觉，并可以感觉物体的重量，视野中被抓的物体也能立刻随着手的移动而移动。在崎岖颠簸的道路上时，用户会感觉到身体的震颤和车的抖动；在上下坡路时，用户会感受到惯性的作用；在漆黑的夜晚，用户会感觉到观察路况的不便等。

交互性能的好坏是衡量虚拟现实系统的一个重要指标。在虚拟现实系统中的人机交互是一种近乎自然的交互，使用者不仅可以利用计算机键盘、鼠标进行交互，而且能够通过特殊的头盔、数据手套等传感设备交互。参与者不是被动地感受，而是可以通过自己的动作改变感受相应的变化。计算机能够根据使用者的头、手、眼、语言及身体的运动，来调整系统呈现的图像及声音。参与者通过自身的感官、语言、身体运动或肢体动作等，就能对虚拟环境中的对象进行观察或操作。

（2）构想性。

构想性指虚拟的环境是人想象出来的，同时这种想象体现出设计者相应的思想，因而可以用来实现一定的目标。虚拟现实虽然是根据现实进行模拟，但所模拟的对象却是虚拟存在的，它以现实为基础，却可能创造出超越现实的情景。所以虚拟现实技术可以充分发挥人的认识和探索能力，从定性和定量等综合集成的思维中得到感性和理性的认识，从而进行理念和形式的创新，以虚拟的形式真实地反映设计者的思想、传达用户的需求。

虚拟现实技术不仅仅是一个媒体或一个高级用户界面，同时还是为解决工程、医学、军事等方面的问题而由开发者设计出来的应用软件。虚拟现实技术的应用，为人类认识世界提供了一种全新的方法和手段，可以使人类跨越时间与空间，去经历和体验世界上早已发生或尚未发生的事件；可以使人类突破生理上的限制，进入宏观或微观世界进行研究和探索；也可以模拟因条件限制等原因而难以实现的事情。

例如，在一个现代化的大规模景观规划设计中，需要对地形地貌、建筑结构、设施设置、植被处理、地区文化等进行细致、海量的调查和构思，绘制大量的图纸，并按照计划有步骤地进行施工。很多项目往往在施工完成后却发现不适应当地季节气候、地域文化、生活习惯，无法进行相应改动而留下永久的遗憾。而虚拟现实以最灵活、最快捷、最经济的方式，在不动用一寸土地且成本降到极限的情况下，供用户任意进行设计、修改、讨论和呈现不同方案的多种效果，并可以使更多的设计人员、用户参与设计过程，确保方案的最优化。

此外，在对未知世界和无法还原的事物进行探索和展示方面，虚拟现实有其无可比拟的优势。它以现实为基础创造出超越现实的情景，大到可以模拟宇宙太空，把人带入浩瀚无比的宇宙空间；小到可以模拟原子世界里的动态演化，把人带入肉眼不可见的微粒世界。

（3）沉浸感。

沉浸感是指使用者使用过程中感觉到被虚拟世界所包围，好像完全置身于虚拟世界之中一样。虚拟现实技术最主要的技术特征是让用户觉得自己是计算机系统所创建的虚拟世界中的一部分，使用户由观察者变成参与者，沉浸其中并参与虚拟世界的活动。

与人们熟悉的二维空间不同的是，成熟的虚拟现实的视觉空间、视觉形象是三维的，音响效果也是具有精密仿真的三维效果。虚拟现实是根据现实世界的真实存在，由计算机模拟出来的。它客观上并不存在，但一切都符合客观规律。它所实现的是使用户进入三维世界中，运用多重感受完全参与到构建的“真实”世界中去。

虚拟现实系统根据人类视觉、听觉的生理和心理特点，通过外部设备及计算机产生逼真的三维立体图像，并利用头盔式显示器或其他设备，把参与者的视觉、听觉和其他感觉封闭起来，提供一个新的、虚拟的、非常逼真的感觉空间。

参与者戴上头盔显示器和数据手套等交互设备，便可将自己置身于虚拟环境中，成为虚拟环境中的一员。当使用者移动头部时，虚拟环境中的图像也实时地随之变化，做拿起物体的动作可使物体随着手的移动而运动。这种沉浸感是多方面的，不仅可以看到，而且可以听到、触到及嗅到虚拟世界中所发生的一切，并且给人的感受十分真实，以至于能使人全方位地临场参与到这个虚幻的世界之中。

虚拟现实系统应该具备人在现实世界中具有的所有感知功能，但鉴于目前技术的局限性，在现在的虚拟现实系统的研究与应用中，较为成熟或相对成熟的主要是视觉沉浸、听觉沉浸、触觉沉浸技术，而有关味觉与嗅觉的感知技术正在研究之中，目前还不成熟。

二、情境教学概述

（一）情境教学的定义

情境教学是指在教学过程中，教师有目的地引入或创设具有一定情绪色彩的、以形象为主体的生动具体的场景，以引起学生一定的态度体验，从而帮助学生理解教材，并使学生的心理机能得到发展的教学方法。情境教学的核心在于激发学生的情感。

（二）情境教学的理论基础

1. 情感和认知相互作用

情绪心理学研究表明：个体的情感对认知活动至少有动力、强化、调节三方面的功能。动力功能是指情感对认知活动的增力或减力的效能，即健康的、积极的情感对认知活动起积极的发动和促进作用，消极的、不健康的情绪对认知活动起阻碍和抑制作用。情境教学就是要在教学过程中引起学生积极的、健康的情感体验，直接提高学生对学习的积极性，使学习活动成为学生主动进行的、快乐的事情。情感对认知活动的增力效能，给我们解决当前小学生中普遍存在的学习动力不足的问题以新的启示。情感的调节功能是指情感对认知活动的组织或瓦解作用，即中等强度的、愉快的情绪有利于智力操作的组织和进行，而情绪过强和过弱以及情绪不佳则可能导致思维的混乱和记忆的困难。情境教学要求创设的情境能使学生感到轻松愉快、心平气和、耳目一新，促进学生心理活动的展开和深入进行。课堂教学实践也证明，欢快活泼的课堂气氛是取得良好教学效果的重要条件，学生情感高涨和欢欣鼓舞之时往往是知识内化和深化之时。

脑科学研究表明：人的大脑功能，左右两半球既有分工又有合作，大脑左半球掌管逻辑、理性和分析等思维，包括言语活动；大脑右半球负责直觉、创造力和想象力，包括情感的活动。情境教学，往往是让学生先感受而后用语言表达,或边感受边促使内部语言的积极活动。感受时，掌管形象思维的大脑右半球兴奋；表达时，掌管抽象思维的大脑左半球兴奋。这样，大脑两半球交替兴奋、抑制或同时兴奋，协同工作，大大挖掘了大脑的潜在能量，使学生可以在轻松愉快的气氛中学习。因此，情境教学可以获得比传统教学好得多的教学效果。

2. 认识的直观原理

从方法论看，情境教学是利用反映论的原理，根据客观存在对儿童主观意识的作用进行的。而世界正是通过形象进入儿童的意识的，意识是客观存在的反映。情境教学所创设的情境，是人有意识创设的、优化了的、有利于儿童发展的外界环境，这种经过优化的教学情境，在教师言语的引导下，儿童置身其中，不仅对其心理认知产生影响，而且能促使儿童富有情感地参与学习活动。

捷克教育家夸美纽斯在《大教学论》中写道：“一切知识都是从感官开始的。”该论述反映了教学过程中学生认识规律的一个重要方面：直观可以使抽象的知识具体化、形象化，有助于学生感性知识的形成。情境教学身临其境，就是通过给学生展示鲜明具体的形象（包括直接形象和间接形象），一则使学生从形象的感知达到抽象的理性的顿悟；二则激发学生的学习情绪和学习兴趣，使学习活动成为学生主动的、自觉的活动。

3. 思维科学的相似原理

相似原理反映了事物之间的同一性，是情境教学的理论基础。形象是情境的主体，情境教学中形象也应和学生的知识经验相一致。情境教学在教学过程中创设许多生动的场景，就是为学生提供更多的感知对象，使学生大脑中的相似块（知识单元）增加。这有助于学生灵感的产生，促进学生相似性思维的生成。

（三）情境教学的功能

1. 陶冶功能

从教育心理学上讲，陶冶就是给人的思想意识以有益或良好的影响。关于情境教学的陶冶功能，早在春秋时期的孔子就把它总结为“无言以教”“里仁为美”；南朝学者颜之推进一步指明了它在培养、教育青少年方面的重要意义：“人在少年，神情未定，所与款狎，熏渍陶染，言笑举动，无心于学，潜移暗化，自然似之。”陶冶即古人所说的“陶情冶性”。

情境教学的陶冶功能就像一个过滤器，使人的情感得到净化和升华。它剔除情感中的消极因素，保留积极成分。这种净化后的情感体验具有更有效的调节性、动力性、感染性、强化性、定向性、适应性、信号性等方面的辅助认知功能。

2. 启迪功能

情境教学可以为学生提供良好的暗示或启迪，有利于锻炼学生的创造性思维，培养学生的适应能力。人从自然人转化为社会人的过程，实际上是环境——社会、家庭、学校、种族、地理等因素共同作用的结果。这些影响因素有的被我们感知到，但更多的则是不知不觉地影响着我们。

情境教学中的情境，是对社会和生活的进一步提炼和加工。诸如生动形象的语言描绘、课内游戏、角色扮演、诗歌朗诵、绘画、音乐欣赏等等，都是寓教学内容于具体情境之中，其中就存在着潜移默化的暗示作用。

换言之，情境教学中的特定情境，提供了调动人的原有认知结构的某些线索，经过思维的内部整合作用，促使人产生顿悟或新的认知结构。情境所提供的线索起到一种唤醒或启迪智慧的作用。比如正处于某种问题情境中的人，会因为某句提醒或碰到某些事物而受到启发，从而顺利地解决问题。

（四）情境教学的原则

1. 有意识与无意识相统一原则和智力与非智力相统一原则

该原则指向情境教学的两个基本条件，即无意识调节、补充有意识，情感因素调节、补充理智因素。人的这种认知规律要求在教学中既要考虑如何使学生集中思维，培养其刻苦和钻研精神，又要考虑如何调动其情感、兴趣、愿望、动机、无意识潜能等对智力活动的促进作用。无意识与意识相统一、智力与非智力相统一，其实就是达到精神的集中与放松并存的状态。如此，人的联想在自由驰骋，情绪在随意起伏，感知在暗暗积聚，技能在与时俱增。这正是情境教学所追求的效果。

2. 愉悦轻松体验性原则

该原则根据认知活动带有体验性和人的行为效率与心理激奋水平有关而提出。该原则要求教师在轻松愉快的情境或气氛中引导学生产生各种问题意识，展开自己的思维和想象，寻求答案，分辨正误。这一原则指导下的教学，思维的“过程”同“结果”一样重要，目的在于使学生将思考和发现视为一种快乐，而不是一种强迫或负担。

3. 师生互信互重下的自主性原则

该原则强调两个方面：一是良好的师生关系；一是学生在教育教学中的主体地位。良好的师生关系是情境教学的基本保证。教学本是一种特定情境中的人际交往，情境教学更强调这一点。只有师生间相互信任和相互尊重，教师对学生真正做到“晓之以理，动之以情”，前文所述的两条信息回路才有畅通的可能。这意味着教师必须充分了解学生，学生也必须充分了解教师，彼此形成一种默契。而学生在教学中的主体地位决定了自主性侧重于教师鼓励学生“独立思考”和“自我评价”，培养学生的主动精神和创新精神。这一原则要求教师在情境教学中要充分考虑学生的实际，既要帮助学生完成学业，也要促进学生成人。

三、虚拟现实技术与情境教学

（一）虚拟现实技术促进情境教学

虚拟现实技术能通过营造的教学环境形象生动地表现教学内容，提高学生掌握知识、技能的效率，优化教学过程、提高教学质量、调动学生的学习积极性、突破教学的重点和难点。此外，虚拟现实技术还结合益智游戏、情景化学习、协作学习、远程教育等手段，有效解决许多以前根本无法解决的教育问题。例如，通过 VR 进行教育教学活动，在实现人与机器、人与人的交流的同时，还能够在某种程度上实现教学的游戏性，让教育真正做到寓教于乐，从而有效地激发学生的学习兴趣，进而更为高效地创建学习情境，支持合作、促进交流和知识表达。虚拟现实技术能够创建与现实社会类似的环境，进而解决学习媒体的情境化及自然交互性的要求，因此其在教育领域内将有着极其广阔的应用前景。

在教育理论体系中，学习理论是处于核心地位的。虚拟现实技术在教育中的应用也是在一定的学习理论指导下进行的。虚拟现实技术本身是对客观对象的模拟，所构建的学习环境与实际生活情境相关。因此，如果把虚拟现实技术与教育有机地结合，教育与社会需求之间的差距将得以缩小，这将对未来的教育产生深远影响。

在教学实践中，亲身经历、亲身感受比空洞抽象的说教更具说服力，主动地去交互与被动地观看有着本质的差别。虚拟现实技术可被广泛用于学习情景的创设，从而使得学习内容更加具有形象性和趣味性，实现模拟训练。通过虚拟现实技术进行学习和教育，不仅能降低训练成本，还能够有效减少训练操作的困难和危险。因此，可以说，虚拟现实技术将是继多媒体、计算机网络之后，在教育领域内最具应用前景的一项技术。

（二）虚拟现实技术在情境教学中的应用特点

1. 教学手段先进

用虚拟现实技术展示设备，学生能真实地对虚拟设备进行操作，且操作过程清晰易懂。同时，在立体投影屏幕上显示相应的图像和交互操作的效果，坐在虚拟现实教室的学生可戴上立体眼镜进行观摩学习，课堂气氛活跃，参与度高，有利于学生对相关知识的正确理解和掌握。

2. 降低办学成本

用虚拟现实技术，可以减少设备台数，且没有原材料消耗，旅游等专业还减少了异地实践的费用，可大大降低办学成本。

3. 提高学习效果

用虚拟现实技术，将设备三维“虚拟”出来，并可产生互动，学生通过在计算机上反复操作练习后，掌握基本操作技能的时间比以前大大减少，提高了教学效率。

4. 增强学习兴趣

用虚拟现实技术，学生可使进行仿真操作，使一些比较枯燥难以操作的实验、实训变得有趣和便于掌握。

（三）虚拟现实系统使情境教学发挥优势

一个生动的情境设置，可以使学生体会到亲切感和新鲜感，从而调动大脑皮层中的兴奋中心，给予学生想象与思考的空间。然后教师便可利用学生感受后的兴奋状态，引导学生对问题进行层层深入的思考，挖掘学生大脑潜能，使他们能在一种轻松愉快的状态下保持旺盛的学习热情，掌握知识，学会运用知识的能力与方法。情境教学对于促进学生的形象思维和抽象思维的协调发展，以及言语、情感和审美的发展，都有着非常重要的意义。情境教学是已被实践证明行之有效的教学方法，过去由于受到教学设施和教师素质的局限，其优势未能得到充分的发挥。

在虚拟现实中，学生是参与者、使用者和作用者，虚拟现实系统向他们提供的能产生高兴趣的材料，给他们以逼真的感受，能取得良好的教学效果。“有兴趣的材料能够更好地维持读者的注意力，也就是说，当向读者呈现高兴趣的材料时，他们会受到更多的激励。”不仅如此，学生还可以在虚拟现实中活动，他们在掌握知识的同时，还可以形成一定的技能。虚拟现实系统的出现，必将使情境教学发挥更大的优势。

第二节 教育游戏与游戏化学习

一、教育游戏

(一)教育游戏的定义

近年来，互联网产业迅速发展，游戏产业也迅速发展起来。其中的教育游戏产业也得到相应发展，并对青少年的学习产生了深远影响。在教育实践中，将游戏应用于教学的探索步伐从未停止。教育游戏是严肃游戏的一种，是专门针对特定教育目的而开发的游戏。教育性和游戏性是教育游戏的主要特点。教育游戏以游戏作为教育的手段，将游戏的设计融入教育内容，取得教育性和游戏性的平衡，从而通过游戏的方式来完成教育过程。

我国教育游戏起步较晚，对其也没有明确的定义。这里将教育游戏定义为能够培养游戏使用者的知识、技能、智力、情感、态度、价值观，并具有一定教育意义的计算机游戏类软件。教育游戏的定义比较宽泛，而且在教育游戏和非教育游戏之间并没有特别鲜明的界线。某些游戏虽然不是专门为教育目的而设计的，但是有较强的教育意义，也可以纳入教育游戏的范畴。

(二)教育游戏的源起

2002 年，华盛顿特区伍德罗·威尔逊国际学者中心(Woodrow Wilson International Center for Scholars)发起了“严肃游戏倡议”(Serious Games Initiative)，目的是鼓励解决政策和管理问题的游戏的设计和开发。2003年，国际游戏开发者协会(IGDA)的活动负责人贾森·德拉·罗卡(Jason Della Rocca)在中国国际数码互动娱乐展览会(简称 China Joy)上进行了名为《“严肃”游戏:游戏对社会经济的潜在影响》的主题发言，他把“严肃游戏”定义为“不以娱乐为主要目的游戏”，并列举了用于训练市长的《模拟城市》、训练董事长的《虚拟领导》、训练员工的《直言者》、训练海军陆战队员的《DOOM》等经典游戏作品。

在中国，很多教育机构早在几年前就开始使用互动课件的形式授课，这些多媒体课件其实就可以视为早期的严肃游戏，但还不能被视为绝对意义上的游戏，因为它们的互动性不足。而真正的严肃游戏旨在通过互动体验环节向用户传递信息。

（三）教育游戏的现状

1. 教育游戏的国外发展现状

当前国外关于教育游戏的研究主要集中在教育游戏的教育价值、游戏设计开发和评价模式等问题上。美国教育游戏专家马克·普伦斯基（Marc Prensky）于 2001 年提出“数字原住民”和“数字移民”的概念。在数字时代的背景下，随着课程教育方法改革的推进，他提出了教育游戏的概念。普伦斯基认为这种学习方式符合“数字原住民”的行为特点，具有开发利用的教育价值；教育与游戏的融合，将实现“在学习中娱乐，在娱乐中学习”的理想境界。

之后，在教育游戏设计开发理论方面，国外学者先后提出了“游戏对象模型”（Game Object Model，GOM）、“游戏成就模型”（Game Achievement Model，GAM）、“角色轮廓模型”（Persona Outlining Model，POM）等模型，这些模型为设计开发教育游戏提供了理论框架。此外，格伦达（Glenda）等提出“RETAIN”模型。该模型整合了关联、嵌入、迁移、适应、沉浸和自然化等六个要素，在游戏的设计阶段能够有效地将教学理论融合到游戏中。这六个要素的提出缩小了教学理论与游戏设计开发之间的鸿沟，有利于进一步将教育理念与游戏的特点结合在一起。

教育游戏的应用研究在国外有一个显著的特点就是校企合作，由软件公司和教育专家团队共同设计和开发教育游戏，既兼顾教育游戏的教育性，也有利于教育游戏的产业化发展。

2. 教育游戏的国内发展现状

国内关于教育游戏的研究起步于 2004 年，主要从本质界定、教育价值、设计开发理念、心理机制研究和研究综述等方面展开。

在教育游戏理论研究方面，万力勇等从心理学中的沉浸理论和体验式学习理论角度探讨有意义的、参与性强的教育游戏设计方法，并提出体验性游戏学习模型。

宋敏珠等通过分析学习动机、沉浸理论、有效学习环境和教育游戏直接的内在联系，构建了一个以创设有效学习环境为取向，以激发学习动机为目的的“EFM 教育游戏设计模型”，并提出了基于该模型的教育游戏设计理念。

综上所述，一种新型的教育游戏，即以高层次、高阶段学生群体为对象，以专业课程为主干的教育游戏的开发可能成为未来教育游戏发展的新方向。

二、游戏化学习

近年来，随着教育信息化的推进，技术助力教育发生颠覆性变革，教育需从人本出发，创造新的模式为所有人谋求公平、公正、终身、自主的学习。游戏化学习便是技术助力教育改革的模式之一。该模式奉行“寓教于乐”的教育理念，使得游戏化学习及教育游戏受到了人们前所未有的关注。游戏化学习已经成为一种教育资源形式进入了全国中小学数字教育资源的征集范围，说明游戏化学习认可度越来越高，在教育教学中如何应用游戏化学习，是值得思考的问题。

（一）游戏化学习的定义

游戏化学习，又称为学习游戏化，就是采用游戏化的方式进行学习。它是比较流行的教学理论和教育实践。游戏化学习的本质是通过游戏学习到东西，兴趣是前提，因为兴趣是最好的老师。如果游戏能使人专注于一件事情的话，那么游戏也能应用于学习。

游戏化学习就是采用游戏方式进行学习，主要包括数字化游戏和游戏活动两类。一方面，教师可利用游戏向学习者传递特定的知识和信息；另一方面，教师根据学习者对游戏爱好的心理和对新鲜的互动媒体的好奇心，将游戏作为与学习者沟通的平台，使信息传递的过程更加生动，从而脱离传统的单向说教模式。游戏化学习将互动元素引入沟通环节之中，让学习者在轻松、愉快、积极的环境下学习，真正实现以人为本。此外，游戏化学习还重视培养学生的主体性和创造性，有利于培养学生的多元智力。

（二）游戏化学习的表现形式

游戏化学习的表现形式主要有两种：线下和线上。线下是指学习者面对面的游戏；线上是指学习者通过虚拟媒介不用面对面就可以互动的游戏。无论何种学习方式，其精巧的结构、绝妙的设计，最后都要落实到具体的学习内容上，才能实现自身的价值。教育的本质是信息在代际流动，而承载着这些信息的教育产品便是教育的内容。《论语》是孔子思想的承载，《孙子兵法》是战国兵法谋略的承载，而《史记》则是历史教育的承载。同样，以孔子为主题的纪录片，以策略为追求的即时战略游戏，各种有关历史的研究论著，都可以作为教育的承载。不管游戏化学习的设计者在实践中采用了多少惹人注目的形式和方法，最终决定其传导质量的还是内容本身。

（三）游戏化学习的发展趋势

游戏化学习的出现使课堂没有边界、教学没有束缚变成了现实，但游戏化学习的基础依然是传统的线下教育。在能够预见的未来，线上教育将继续发展，线下教育也不会消亡。但基于市场的多样化需求和教育行业自身的发展，线上教育与线下教育之间的界限将随着时间的推移而日渐模糊，最终融为一体。届时，游戏化学习的渠道也将在现实世界和网络世界之间畅通无阻。

当游戏化学习平台在移动互联网和 PC 端做到一定规模时，其进一步的发展必将遭遇瓶颈。因为有相当多的用户对游戏化学习的需求仍然停留在对传统教育方式的补充上。当需要补充的内容满足了自己对知识的需求时，用户便不会在相应的游戏化学习平台过多地停留，而会继续接受传统的线下教育。从这个角度来看，广大在市场中初步站稳脚跟的传统教育机构开发线上学习平台，绝不是做不做的问题，而是怎样做好的问题。

随着教育改革的不断深入，一些能够实行快乐教育的创新型组织或学校在不远的未来将涌现出来。游戏化学习与传统教育的运营载体不同，并不意味着线上和线下这两种教学渠道不能相互融合，更不代表传统教育就不能进行游戏化改造。在现有的一些案例中，我们已然能够发现，在游戏化学习体系中，线下和线上这两种渠道完全可以同时拓展，必要时还可以互相配合。而到了高度智能化的未来社会，这种交融的趋势必然会得到强化。

第三节　大数据与教育大数据

一、大数据

（一）大数据的定义

业界关于大数据的定义还没有达成共识，常见的定义是关于大数据特点的定义：体量大、模态多、变化快、价值高。实际上，随着技术的发展和普及，当今社会产生的数据量之大、数据形式之多变的特点愈发突出。与此同时，当今计算机算法的增加、硬件处理能力的增强，给数据的处理带来了更丰富的可能性。由此，也引发了人们对数据中所蕴藏的价值的探究兴趣,而这一系列的探究就被归纳进了“大数据”的范畴内。在此形势下，如果要给大数据做一个明确的定义，可以从广义和狭义两个方面进行。

狭义的大数据仅关注大数据的技术层面，即对大量、多格式的数据进行并行处理，以及实现对大规模数据的分块处理的技术。在狭义的大数据范畴内，所谓的“大”其实是相对的，并不能明确地界定出多大的数据量就是大数据，而是要由计算机的处理能力来判定所面对的数据是否为大数据。当数据量超出了当前计算机常规处理能力所能应对的水平时，就可称之为“大”。

广义的大数据实际上就是信息技术。它是指一种服务的交付和使用模式，指从底层的网络，到物理服务器、存储、集群、操作系统、运营商，直到整个数据中心，由这各个环节串联起来，最终提供的数据服务。并且，当数据服务所涉及的数据量变大后，就被冠以“大数据”的概念。广义的大数据可以视为和数据相关的所有的产品以及服务的集合，并且这里的数据服务通常需要有数据分析引擎做支撑。

（二）大数据的作用

1. 大数据的处理分析正成为新一代信息技术融合应用的节点

移动互联网、物联网、社交网络、数字家庭、电子商务等是新一代信息技术的应用形态，这些应用不断产生大数据。云计算为这些海量、多样化的大数据提供存储和运算平台，通过对不同数据的管理、处理、分析与优化，将结果反馈到上述应用中，将创造出巨大的经济价值和社会价值。大数据具有催生社会变革的力量，但释放的这种能量，需要严谨的数据治理。

2. 大数据是信息产业持续高速增长的新引擎

面向大数据的新技术、新服务、新发现将会不断涌现。在硬件与集成设备领域，大数据将对芯片、存储产业产生重要影响。在软件与服务领域，大数据将引发数据快速处理分析、数据挖掘技术和软件产品的发展。

3. 大数据时代科学研究的方法手段将发生重大改变

例如抽样调查是社会科学的基本研究方法。在大数据时代，可通过实时监测、跟踪研究对象，对其在互联网上产生的海量行为数据进行挖掘分析，揭示出规律性的东西，得出研究结论和对策。

（三）大数据的特征

2001 年，分析师道格·兰尼（Doug Laney）将数据增长的挑战和机遇定义成三维方式，即数据总量（Volume）、处理速度（Velocity）和数据类型（Variety），也就是最早用来描述大数据的“3V”模型。

随着资讯科技不断地往前推进，数据的复杂程度愈来愈高，3V 已经不足以形容新时代的大数据。2012 年，包括国际商业机器公司（IBM）、高德纳公司（Gartner）、国际数据公司（IDC）在内的科技厂商和研究机构纷纷提出新的论述，在 3V 的基础上增加了对数据“价值（Value）”的认识，发展成为4V模型。而阿姆斯特丹大学的尤里·德姆琴科（Yuri Demchenko）等人提出大数据还应具有可信性、真伪性、来源和信誉、有效性和可审计性的特点，即真实性（Veracity），形成了5V框架，如图5-1所示。

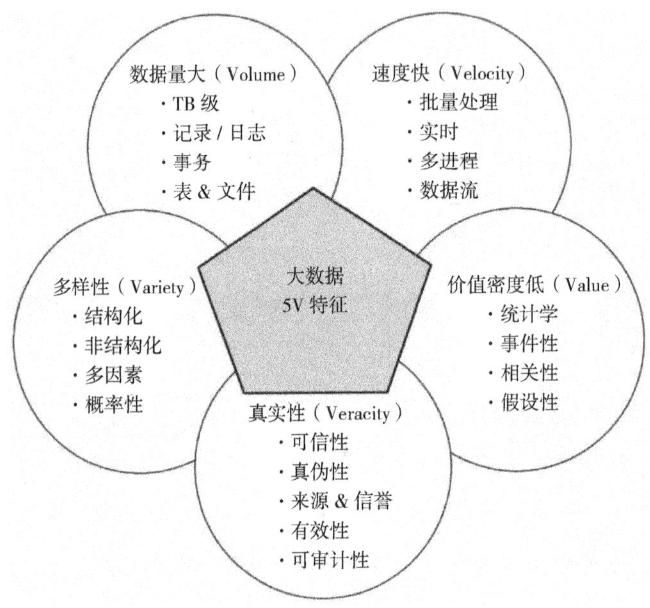

图5-1　大数据5V框架

（1）数据体量巨大（Volume）。指收集和分析的数据量非常大，从TB级别跃升到PB级别。在实际应用中，很多企业用户把多个数据集放在一起，已经形成了PB级的数据量。

2006年，个人用户每年产生的数据才刚刚迈入TB时代，全球一共新产生了约180EB的数据；在2011年，这个数字达到了1.8ZB。2013年，中国产生的数据总量超过0.8ZB，是2012年的两倍，相当于2009年全球的数据总量。2017—2022年，我国数据总量从2.3ZB增长至7.6ZB。

（2）处理速度快（Velocity）。大数据需要对数据进行近实时的分析。以视频为例，连续不间断的监控过程中，可能有用的数据仅有一两秒，这一点和传统的数据挖掘技术有着本质的不同。

（3）数据多样性（Variety）。多样的数据类型涉及数字、文字、图片、语音、视频、地理位置、网络日志信息等。从数据结构来看，可分为非结构化数据、半结构化数和结构化数据；从数据存储方案的角度看，可以分为分布式存储和集中式存储；从数据质量来看，数据的完整性、可信性与可用性大不相同。对于是否必须采用大数据运算，在数据规模和数据复杂性之间存在一定的取舍。一般来说，分布式存储就意味着巨大的数据体量，分布存储的数据就需要用大数据技术来处理了，传统技术已经无法使用。大数据也适合于处理分布式存储的复杂数据。

（4）价值密度低（Value）。要挖掘大数据的价值就需要在几百万条数据中找到真正有借鉴意义的几条。例如每天 24 小时的视频数据中，针对某一研究或分析目标有价值的仅有几秒钟。通过分析数据得出如何抓住这条数据，就能够把握机遇并收获巨大的经济价值或社会价值。

（5）数据真实性（Veracity）。大数据中的内容是从真实世界采集得到的，在录入、生成、采集数据的过程中存在因为客观或人为因素产生偏差的情况。数据的真实性即代表了数据的质量，将直接影响分析和预测的准确性、真实性和有效性。

大数据的产生和发展，是信息技术领域不同时期的多个进步交互作用的结果。在未来，智能数据不仅可以帮助我们了解一个智能系统每时每刻发生了什么，更能够告诉人们为什么会发生，甚至还可以告诉人们接下来会发生什么，以及我们应该如何应对。智能数据将改变人们的生活方式和思维模式，提升国家或政府的服务能力。

二、教育大数据

（一）教育大数据的定义

教育大数据是大数据的一个子集，特指教育领域的大数据。在师生的校园生命周期内，整个教育活动会产生大量的数据，如课堂教育数据、校园生活数据、行政管理数据等。学校管理教育大数据应用的宗旨是育人，它存在于学校管理的全过程，既包含对数据的处理工作，也包含学生工作、教学工作、课堂教学等具体管理工作，其最终目的是要实现教育教学的改善、学生管理的完善、人才培养的优化。

随着大数据技术的发展，大数据工具使用的门槛随之降低，大数据的应用也不再局限于以往的互联网、营销、广告行业，逐渐被更多的行业所应用，教育也包含其中。大数据在教育领域的应用展现出广阔的发展前景。教育大数据技术在学校教育中将发挥重要的作用，但需要注意的是，教育大数据的应用也有着一定的局限性。

大数据日益彰显其独特的社会价值，成为一种重要的社会资源。我们正在逐步进入大数据时代，聊天、交易、旅游、教育……我们每时每刻都在和大数据打交道，生产和使用着数据。大数据一方面指数据体量的“大”。另一方面，大数据的“大”也是对数据背后所蕴藏的价值的形容。与此相对应，大数据挖掘与分析技术的发展也日新月异，传统行业与大数据的融合愈来愈向多样化、深度化发展，出现了新一轮大数据开发与利用的浪潮。

（二）教育大数据行业分析体系搭建

在具体应用方面,即数据分析体系搭建上,可以从以下四个方面开展。

1. 教务管理

在教务管理中,可以利用大数据进行招生分析、就业分析、住宿分析、图书馆分析、资产数据统计分析等。

2. 教学创新

在教学中，可以利用大数据进行教学质量评估、上网行为分析、学生成绩分析、学生特长能力分析。

3. 应用创新

可利用大数据进行学生轨迹分析、学生画像、学生舆情监控等。

4. 科研支撑

可利用大数据开展科研成果分析统计、科研项目研究、科研经费跟踪研究，对整个科研情况有全面了解和掌握。

（三）教育大数据的作用

1. 减轻教师作业批改压力

在线教育除了能以优质的教育资源为学生提供帮助外，对广大家长、老师和学校也大有裨益。以“作业帮”家长版的“口算批改”功能为例，家长或老师只需要用手机对着学生作业一扫，就能立刻对作业完成智能批改，并显示出批改结果。这大大节省了家长和老师批改作业的时间。事实上，随着人工智能等新兴技术的深入应用，在线教育平台能够为家长、老师、学校提供更有效的教学辅助。

2. 因材施教将更有的放矢

“人工智能＋大数据精准教育”系统能利用大数据技术，完成对学生学习进度、学力、习惯的跟踪和分析，系统后台能够准确对用户进行画像，找到他们的知识薄弱点，形成用户学情报告。这可以帮助老师和学校更细致地了解每一个学生的情况，并有的放矢地制订更精准的学生学习计划。

第四节　云计算与教育

一、云计算

（一）云计算的概念

云计算是一个比较混乱的技术概念：一方面是因为云计算涉及太多的领域和应用场景；另一方面则是源于各类宣传和炒作。这种混乱正好说明了云计算尚不成熟，处于快速发展阶段。

很多学者和机构都对云计算赋予了不同的内涵和比喻。

维基百科认为：云计算是一种能够将动态伸缩的虚拟化资源通过互联网以服务的方式提供给用户的计算模式，用户不需要知道如何管理那些支持云计算的基础设施。

云营（Cloud Camp）的创始人鲁文·科恩（Reuven Cohen）认为：云计算是一种基于网络的服务，目的是让用户只为自己需要的功能付钱，同时消除传统软件在硬件、软件和专业技能方面的投资。

IBM 公司科技策略与革新部副总裁欧文·弗拉多斯基－伯格（Irving Wladawsky-Berger）认为：云计算就是将以前那些需要大量软硬件投资及专业技术能力的应用，以基于网络服务的方式提供给用户。

中国云计算专业委员会认为:云计算最基本的概念是通过整合、管理，调配分布在网络各处的计算资源，并以统一的界面同时向大量用户提供服务。借助云计算，网络服务提供者可以在瞬息之间处理数以千万计甚至数以亿计的信息，实现和超级计算机同样强大的效能。同时，用户可以按需计量地使用这些服务，从而实现让计算成为一种公用设施来按需而用的梦想。

云计算包括信息基础设施（硬件、平台、软件）和相关服务，提供各类资源的网络被称为“云”,“云”中的资源在使用者看来是可以无限扩展的，并且可以随时获取、按需伸缩、按需使用、按使用量付费。相对于传统的计算资源服务模式,“云”服务就像是从单台发电机模式转向电网集中供电模式，它意味着计算能力也可以作为一种公共资源进行流通，就像煤气、水、电一样，取用方便，费用低廉。

云计算是并行计算（Parallel Computing)、分布式计算（Distributed Computing）和网格计算（Grid Computing）的融合和发展,从某种角度上，也可以说是这些计算机科学概念的发展和商业实现；云计算也是虚拟化（Virtualization)、效用计算（Utility Computing)、面向服务的架构（SOA）等概念混合演进的结果。

本书很赞同中国移动研究院黄晓庆院长对云计算的定义。他认为，云计算是一种利用大规模低成本运算单元通过 IP 网络连接，以提供各种计算服务的 IT 技术。

云计算系统应同时满足如下特征：

（1）大规模。一个云计算系统是由具备一定规模的多个节点组成的 IT 系统集群。

（2）平滑扩展。系统集群规模具备灵活的扩展性和弹性。

（3）资源共享。云计算系统可提供一种或多种形式的资源池，包括物理服务器、虚拟服务器（虚拟机）、事务和文件处理能力或任务进程（如Hadoop），以及存储资源等。这些资源池可通过抽象化方式来实现，并能够同时为多种应用提供服务。

（4）动态分配。云计算系统可以实现资源的自动分配管理，包括资源即时监控和自动调度等。

云计算发源于搜索引擎平台，是互联网企业在创业阶段出于追求低成本高效能的考虑而开发出来的一种计算技术，目前已成为提供各种互联网服务的重要工具。

（二）云计算的分类

云计算可以按照各种维度来分类，常见的分类如下：

按照是否公开发布服务，可以分成公有云（Public Cloud）、混合云（Hybrid Cloud）和私有云（Private Cloud）（有时也称企业云或者内部云）。公有云和私有云在技术上并没有本质差异，只是运营和使用对象有所不同：前者是指企业使用其他单位运营的云平台服务；后者则是企业自己运营并使用云平台服务。介于两者之间的还有混合云（Hybrid Cloud），其主要特征是内部云和外部云混合。

按照服务类型，云计算可以分成基础架构即服务（IaaS，Infrastructure as a Service）、平台即服务（PaaS，Platform as a Service）和软件即服务（SaaS，Software as a Service）等。

（三）云计算的特征

1. 超大规模

“云”具有相当的规模，谷歌云计算已经拥有100多万台服务器，亚马逊、微软、雅虎等的“云”均拥有几十万台服务器。私有云一般拥有数百上千台服务器。“云”能赋予用户前所未有的计算能力。

2. 虚拟化

云计算支持用户在任意位置，使用各种终端获取应用服务。所请求的资源来自“云”，而不是固定的有形的实体。应用在“云”中某处运行，但实际上用户无须了解，也无须担心应用运行的具体位置。只需要一台笔记本或者一个手机，就可以通过网络服务来实现我们需要的一切，甚至包括超级计算这样的任务。

3. 高可靠性、高可扩展性

“云”使用了数据多副本容错、计算节点同构可互换等措施来保障服务的高可靠性，使用云计算比使用本地计算机可靠。

“云”的规模可以动态伸缩，满足应用和用户规模增长的需要，具有高可扩展性。

4. 通用性

云计算不针对特定的应用，在“云”的支撑下可以构造出千变万化的应用，同一个“云”可以同时支撑不同的应用运行。

5. 低成本优势

“云”的特殊容错技术允许“云”可以采用极其廉价的节点来构成;“云”的自动化集中式管理使得数据中心管理成本大幅降低；“云”的通用性使资源的利用率较之传统系统大幅度提升。因此，用户可以充分享受“云”的低成本优势。云计算可以改变人们未来的生活，但同时也要重视云计算的应用环境,这样才能真正为人类进步做贡献,而不是简单的技术提升。

6. 数据潜在的危险性

云计算服务除了提供计算服务外，还提供存储服务。但是云计算服务当前大多掌握在私人机构手中，而他们只能提供商业信用。政府机构、商业机构选择云计算服务时应保持足够的警惕。而商业用户大规模使用私人机构提供的云计算服务，无论其技术优势有多强，都不可避免地被这些私人机构以“数据（信息）”的重要性所裹挟。对于信息社会而言，“信息”是至关重要的。虽然云计算中的数据对于数据所有者以外的其他云计算用户是保密的，但是对于提供云计算的机构而言数据确实没有秘密可言。所有这些潜在的危险，是政府机构、商业机构选择云计算服务时需要考虑的一个重要前提。

二、云计算对教育的重要意义

在过去的十年里，以云计算为代表的新兴技术，让教育和学习方式发生了翻天覆地的变化。当今，学生创造能力、协作能力、批判性思维能力和沟通能力的培养都要求学校教育要有所创新。云计算为教育创新提供了机会，并且既安全又经济。

（一）教育的创新

云计算为用户提供了教育变革的机会。教师可以将学生与多个项目和应用程序联系起来，让学生在表达方式方面体现出创新性。例如，学生可以通过上传视频记录、为他们制作的一件艺术品拍照或与同龄人共享他们正在处理的文档来完成作业。通过“云”，教师和学生可以定制作业，以满足学生的特定需求。

正如科技正在塑造和改变未来的工作一样，21 世纪的课堂在设计和布局上需要更多的灵活性。教师可以通过云计算来创新课堂结构和课堂形式，如混合课堂或翻转课堂，都可以通过云来进行优化。这两种模式都允许教师在学校与学生进行更多的面对面交流，同时利用云技术让学生可以从家中获取课程和作业。云计算有助于创建真正现代化、创新的教室。

云计算能帮助学校履行数据保护义务，确保学生和员工的信息安全。大多数云提供商都十分重视安全性措施的构建，因而即使设备出现故障无法调取信息时，也可以调取云存储数据，从而使数据存储安全性得以提升。

（二）简化了教育者之间的协作

与他人有效协作的能力对于学生来说至关重要。云使所有用户可以轻松地跨越多个平台访问资源，从而为开发协作技能奠定了坚实的基础。例如，学生可以与其他学生协作完成作业，而老师则实时提供反馈。有意义的反馈对于帮助学生达到目标至关重要。云还突破了在小组内工作的障碍——学生不再需要在同一个地方进行小组项目，而是可以从云平台访问作业。

云计算还简化了教育者之间的协作。借助云，教师和管理员可以轻松共享课程计划，并可以在任何地方或任何时间共同制订课程计划。通过消息传递应用程序，不同的学校和地区可以突破阻碍他们合作的障碍，进而形成一个网络化的教育社区。

（三）云计算可以节约成本

云计算可以为用户节省大量资金。数据迁移到云端后，学校将不再需要保留大量的运维人员，只需要较少的 IT 人员就可以管理学校的云。云计算有可能使学校在许可证、硬件、电源和支持方面节省资金。此外，学校将能够访问在线版本的教科书，一方面，节约了印刷成本;另一方面，也能确保学生使用最新的教科书。

（四）节约时间，带来便利

教师教学任务重，时间不够用。云计算提供了许多解决方案（如制作课件），让教师有更多时间专注于教学。基于云存储信息，教师整理材料和作业会更加方便快捷。教师不必再把成堆的纸和笔记本放在家里进行评分，而可以通过云平台对作业进行评分并提供及时反馈，简化流程。

教师可以将课程计划和作业保存到云端。在云端，他们可以与其他老师和管理者共享资源，并接收他们的反馈。如果终端设备如笔记本电脑碰巧出了故障，所有的信息将不必重新创建，因为云将保留所有信息。地区和管理员还可以通过云轻松地组织和共享重要信息和政策，云计算使用户能够灵活地工作办公。

三、云计算在教育领域的应用

云计算技术在教育领域的影响不断深入,改变着教育的形态。教育局、中小学、高校等机构纷纷开设教育云平台、搭建智慧校园。与此同时,直播、翻转课堂、云中教室、AI 双师等新模式被逐渐应用到教学场景中，云计算推动教育、教学共同迈入数字化时代。

（一）教育资源的数字化

在云平台上，教学不再需要人与人之间的实体接触。学校管理者和师生都可以在任意时刻接入互联网，接收、观看、下载或分享他们需要的教育资源。老师也可以将教材、教学课件、教学视频等资料存储到云平台上，学生通过移动终端便可轻松获取。同时，教育资源可分享范围变得前所未有的广阔，各个学校或机构的教育资源都可以集合到一起，教育资源使用效率获得巨大提升。

（二）教学管理的数字化

云计算还可以实现教学管理的数字化。通过把各种系统、终端连接起来，可以实现集中化的平台管理。同时，可采用跨终端数据采集、信息挖掘分析，记录学生的学习轨迹，全程追踪教学内容和授课效果，及时获悉每位学生的学习情况，同步了解每位学生的学习状态，提供更富个性化的教学，进而优化教学效果。

（三）教与学的互动性

教育云平台构建了便捷、可靠的教育网络环境，通过虚拟桌面云终端，师生可以随时随地通过云平台实现有效交流，从而将师生和教育管理者从传统的教学方式中解放出来，促进教与学的全面互动。

（四）教育信息的安全性

云平台还有一个重要的优势就是安全性。其加密和备灾的功能，可以从物理层、网络层到应用层做到实时自动化监控，保证数据安全。将数据存储在云端，既使终端设备出现故障，也可有效避免信息丢失。

四、云计算推动高校教育信息化建设

云计算是新一代信息技术的重要组成部分，它的应用范围非常广泛，不仅能促进企业的发展，在高校信息化建设中也起到非常重要的作用。云计算技术的应用将会推动高校教育信息化建设，让教育更加智能化。

云计算，简单来说就是以应用为目的，通过互联网将大量必需的软、硬件按照一定的形式连接起来，并且随着需求的不断变化而灵活调整的一种低消耗、高效率的虚拟资源服务的集合形式。最典型的应用就是基于互联网的各类业务，例如，谷歌搜索、谷歌在线文档、必应搜索、亚马逊的弹性计算云（EC2）和简单存储服务（S3）等。

如今，云计算已经应用到越来越多的行业当中。随着云计算优势的明朗化，众多教育机构认识到了“云”的教育价值，云计算在高校教学中的应用越来越多。教育信息化是高校发展的必然。云计算推动高校教育信息化建设主要体现在以下几个方面：

（一）高校校园网建设

通过建立校园网可以为学校提供全面、高效、性价比高、功能强大的网络媒介，同时提升云环境中校园网的安全性、稳定性以及实用性。与此同时，具有高灵活性以及伸缩性特点的云计算技术极大程度地减少了学校资金方面的投入，为校园网建设提供了诸多便利。

（二）整合教育信息资源，促进资源共享

在高校的信息化建设工作中，应用云计算技术能实现资源的高度共享。目前，教育信息资源存在以下问题：各高校重复建设问题比较明显；所建设的相应资源共享性也比较差；没有集中存放教育信息资源；教育资源多种多样，有文本、视频、音频等；学校的教育资源有很多副本，副本较多势必会占用较大的计算机储存空间。这些不良情况都会对资源的实用性产生不良影响。将云计算技术应用在高校信息化建设中，能较好实现教育资源的整合，也能实现最大化共享，还可以有效节约校园建设的人力和物力，使学校教学和科研项目的开展有良好的信息资源支撑条件。

（三）创建网络云服务平台

在校园内创建功能完善的云服务平台，能使校内师生的个性化学习需求得到满足。云服务平台集合了多种学习资源，包括文本、视频、音频等多种形式。学生可以从平台上获得这些学习资源。学生可创建自己的账号，并以自己的实际情况为依据建立适合自己的学习环境。学生可以通过移动终端进入学习平台，如此一来学生就能在任意时间、任意地

点从云平台上获得相应的信息。在学习平台上，学生能够与老师进行沟通和交流，构建良好的虚拟化教学模式。当然，云服务平台的操作步骤应该是简单的，不能过于复杂，这样，学生不需要掌握非常复杂的软件技能就能完成操作，使学生能够维持比较好的学习积极性。

（四）助力远程教育云平台

如今，线上教育的不断发展推动着高校教育改革的开拓创新。通过基于云计算技术的远程教育云平台，可以对远程教育系统的逻辑结构、整体结构和核心模块进行重构，有效发展其教育服务能力，充分发挥其资源共享性、可配置和伸缩性特点，从而使得大规模远程教学活动得以顺利进行。

（五）校园网络信息安全

云计算环境下，资源数据的安全维护工作由提供商负责，师生们只需通过网络,就能随时随地访问和使用,而不用担心病毒入侵造成的破坏。因而云计算在高校的应用既省去了高校在信息安全方面的开支，又确保了高校师生的信息安全和校园网络服务的安全。

在高校信息化建设中，云计算的优势日益彰显。面向未来，云计算将推动高校教育信息化建设进一步发展，一个安全化、数字化、智能化的“云大学”正在显现。

第六章

教育技术与人工智能

近年来，人工智能技术取得了巨大的突破。随着机器学习能力提升以及智能算法的突破，智能机器具备若干智慧属性的功能，甚至在某些特定领域这些功能远超人类，尤其是在数据存储、调用、分析处理等方面表现出了强大的潜力。教育教学、教育研究、课堂教学等将随着人工智能时代的到来发生深刻而巨大的变化。

第一节　人工智能概述

一、人工智能的概念

提起人工智能，我们一点儿也不陌生。例如，当我们拍下快递单，手机就能自动填充单号；打开导航，系统便能为我们规划好出行方案；拍下不会的作业题目，软件就会自动匹配正确答案。这些便捷的功能都是人工智能的功劳。那么，什么是人工智能呢?

人工智能的定义可以分为两部分，即“人工”和“智能”。在日常用语中，“人工”一词的意思是合成的、人造的。人造物体的品质不一定不如自然物体，有些甚至优于真实或自然物体。例如，人造花是用丝和线制成的类似芽或花的物体，它不需要以阳光或水分作为养料，却可以为家庭或公司提供实用的装饰功能。虽然人造花给人的感觉以及香味可能不如自然的花朵，但它看起来和真实的花朵如出一辙。

对智能的定义，不同的流派定义有所差异。思维理论认为，智能的核心是思维，人的一切智能都来自大脑的思维活动，因而思维理论渴望通过对思维规律与方法的研究，来揭示智能的本质。知识阈值理论认为，智能行为取决于知识的数量及一般化程度，它将智能定义为“智能就是在巨大搜索空间中找到满意解的能力”。进化理论认为人的本质能力是在动态环境中的对外界事物的感知能力、行动能力和维持生命的能力，这些能力也为智能的发展提供了基础。

如同人造光、人造花一样，人工智能不等同于生物智能，不是自然产生的。人工智能是一门前沿交叉学科，其定义有狭义和广义之分。狭义的人工智能是计算机科学的一个分支，指用计算机模拟或实现的智能，研究如何使机器具有智能（特别是人类智能如何在计算机上实现或再现）的科学和技术。随着科学技术的进步，人工智能已演变成多学派、多层次融合的广义人工智能。广义的人工智能是研究、开发用于模拟、延伸和扩展人和其他动物的智能，以及开发各种机器智能和智能机器的理论、方法、技术及应用系统的综合性学科。人工智能不仅研究个体、单机、集中式的人工智能，而且研究群体、网络、多智体、分布式的人工智能。总体而言，人工智能是自然科学和社会科学交叉的学科，综合了信息、逻辑、思维、生物、心理、计算机、电子、语言、机器人等学科。

二、人工智能的发展

公元前 350 年，亚里士多德的逻辑论就蕴含了关于人工智能的思考，他构建的思维模式，在一定程度上证实了人类的思考过程可以机械化。自德国数学家莱布尼茨于 1678 年发明了可做乘除运算的计算器以来，人类从未停止过对智能设备的探索和研发。20 世纪中期，大规模工业生产的需求推动了自动化技术的快速发展。

1943 年，神经生理学家麦卡洛克和数理逻辑学家皮茨基于神经元研究和脑模型建成了第一个神经网络模型，开辟了人工智能联结主义的发展道路。1948 年，数学家维纳提出的控制论成为 20 世纪四五十年代重要的思潮，影响了早期的人工智能相关行业工作者。1950 年，阿兰・图灵发表了一篇具有划时代意义的论文《计算机器与智能》，预测了创造具备智能的设备的可能性。由于意识到难以确切地定义智能的含义，他提出了著名的图灵测试：如果一个机器设备与人类对话时，人类完全不能分辨出其与人类的差别，那么就可以认为这类设备具备思考的能力。如今图灵测试也被视作第一次对人工智能理论的正式论证。1954 年，乔治·德沃尔成功研制出世界上第一台可编程的机器人，并且注册了专利。

从时间顺序来看，人工智能的发展历程可分为形成期、发展期、繁荣期。1956 年至 1980 年是人工智能的形成期，这一时期符号主义盛行。1956 年，在达特茅斯会议上，约翰·麦卡锡首次提出人工智能（Artificial Intelligence，AI）一词，这标志着其作为一个研究领域的正式诞生。1958 年，由两层神经元组成的神经网络——“感知机”被提出，它是当时首个可以进行机器学习的人工神经网络。1965 年，约翰·麦卡锡帮助麻省理工学院（MIT）推出了世界上第一个带有视觉传感器、能识别并定位积木的机器人系统。1968 年，美国斯坦福国际研究所研制的移动式机器人沙基（Shakey）具备一定的人工智能，能够进行感知、环境建模、行为规划和执行任务等操作，是世界上第一台智能机器人，拉开了第三代机器人研发的序幕。1974 年到 1980 年，由于受到当时的数学模型、生物原型和技术条件的限制，科学家们提出的设想没有变成现实，人工智能课题停滞不前，并开始遭遇批评，随之而来的还有资金困难等问题，人工智能的发展进入停滞期。

进入 20 世纪 80 年代，人工智能再次回到了公众的视野中。1980 年至 2000 年是人工智能的发展期。1980 年，一个叫 XCON 的专家系统取得了巨大的成功，它能按照用户的需求，为计算机系统自动选择组件，帮助美国数字设备公司每年节约 4000 万美元左右的费用，特别是在决策方面，能够提供有价值的内容。1982 年至 1986 年，约翰·霍普菲尔德发明了一种结合了存储系统和二元系统的神经网络，可以让计算机以一种全新的方式学习和处理信息。1986 年，反向传播算法（Back Propagation,BP）被提出，它是人工智能相关数学模型的重大发明成果之一，也是目前应用最广的人工神经网络，这进一步催生了联结主义的发展。1987 年至 2000 年，由于 XCON 等专家系统的维护费用居高不下、难以使用和升级，且受限于特定场景，该专家系统陷入停滞状态，加之各方资金投入的缩减，人工智能的发展再次落入低谷。

进入 21 世纪，新兴技术快速涌现，人工智能发展进入繁荣期。1997 年，IBM 的计算机系统“深蓝”成为完败人类象棋冠军的第一个象棋博弈系统。这场人机大战引发了现象级的人工智能讨论，是人工智能发展史上的重要里程碑。2006 年，辛顿等人提出“深度学习”神经网络，打破了反向传播算法神经网络发展的瓶颈。2011 年，人工智能系统沃森作为选手参加《危险边缘》节目，与两位最成功的选手展开对决，并成为冠军。2012 年，辛顿课题组为了证明深度学习的潜力，应用卷积神经网络参加 Image Net 图像识别比赛并夺得冠军。同年，谷歌自动驾驶汽车获得了美国首个自动驾驶车辆许可证。2013 年，深度学习算法在语言和视觉识别上的识别率分别超过 99% 和 95%。2016 年，谷歌 DeepMind 团队的阿法狗（AlphaGo）在一场比赛中以 4∶1 的成绩击败了韩国棋手李世石，成了第一个不借助让子而击败围棋职业九段棋手的计算机围棋程序。2017 年，阿尔法元（AlphaGo Zero）不借助人类专家的数据集训练，仅通过自主学习，便完全战胜了此前所有版本的阿法狗。同年，沙特阿拉伯授予机器人索菲亚以公民身份，索菲亚成为史上首个获得公民身份的机器人。2022 年 11 月 30 日，美国人工智能研究实验室 OpenAI 推出了人工智能技术驱动的自然语言处理工具 ChatGPT。ChatGPT 拥有语言理解和文本生成能力，尤其是它会通过连接大量的语料库来训练模型，这些语料库包含了真实世界中的对话，使得 ChatGPT 上知天文下知地理，还能根据聊天的上下文进行互动，进行与真正人类几乎无异的交流。ChatGPT 不单是聊天机器人，还能进行撰写邮件、视频脚本、文案、代码以及翻译等任务。2023 年 8 月，百度发布了全新一代知识增强大语言模型“文心一言”，该模型能够与人对话互动、回答问题、协助创作，高效便捷地帮助人们获取信息、知识和灵感。这些里程碑事件一次次刷新着人们对于人工智能发展的认知。

三、人工智能的类型

根据人工智能是否能真正实现推理、思考和解决问题，人工智能可分为弱人工智能和强人工智能。

（一）弱人工智能

弱人工智能是指不真正拥有智能和自主意识，只专注于完成某个特定领域任务的人工智能系统。迄今为止的人工智能系统都还是实现特定功能的专用智能，而不是像人类智能那样能够不断适应复杂的新环境，并不断涌现出新的功能，因此都还是弱人工智能。

目前，弱人工智能渗透在我们的日常生活中，比如上网查阅资料使用的搜索引擎，搜索目的地使用的导航系统，小爱同学等智能语音助手，发邮件时使用的垃圾邮件过滤器，每天都要使用的 QQ、微信等社交软件，以及每个人都离不开的智能手机，都采用了不同的人工智能技术。每一个弱人工智能的发展与创新，都在为通往强人工智能旅途添砖加瓦。

（二）强人工智能

强人工智能是指能够像人类一样进行复杂思考、具备自我学习和创造能力的人工智能系统。从一般意义上来说，这种达到人类水平的、能够自主应对外界环境挑战的、具有自我意识的人工智能，也称为通用人工智能或者类人智能。目前，强人工智能不仅在哲学上存在巨大争论，在技术的研究上也存在巨大挑战。

四、人工智能时代的教育发展

每个时代的教育都带有自己的印记，从蒸汽机时代、电力时代，到信息时代，历次科技革命都给教育带来新的发展和变化。在人工智能、大数据、云计算和“互联网 +”等技术飞速发展的今天，依靠标准化教育来批量生产人才的模式难以为继，人工智能时代给教育教学带来了非常多的发展机遇。

（一）需要培养具有 AI 素养的时代人才

人工智能教育的核心问题是人才问题。为在新一轮国际竞争中赢得主动权，世界主要发达国家纷纷加强人才培养部署。美国政府在 2016 年接连发布了《为人工智能的未来做准备》和《国家人工智能研发战略规划》两份报告。

2017 年 10 月，英国在《英国人工智能产业报告》中，提出了多条与人工智能人才培养相关的政策。人工智能的繁荣发展离不开大量技术娴熟的 AI 专家的支持。但目前英国人才缺口较大，为更好地发展人工智能，英国需要储备更多技术娴熟的人工智能人才。该报告建议：①设立由企业资助的大学 AI 硕士课程。②通过市场调研设立人工智能课程，以满足社会的多方面需求。③在英国领先的大学中，增加 200 多个人工智能博士学位授予点，并以优厚的条件吸引来自世界各地、拥有不同背景的人才。④设立线上人工智能课程和持续的专业技能培训。⑤实现人工智能领域多样性发展。⑥在英国设立一个国际人工智能奖学金项目。

2017 年 7 月，中华人民共和国国务院印发了《新一代人工智能发展规划》，将“加快培养聚集人工智能高端人才”列为重点任务，并指出“把高端人才队伍建设作为人工智能发展的重中之重”。

目前，我国人工智能人才的培养仍然具有较大的缺口，人工智能教育在各学段参差不齐，虽然基础教育阶段已将人工智能教育作为信息技术课的选择性必修模块之一，但是未能有效实施，而高等教育阶段的学生需从基础理论和实践技术开始学习人工智能。培养人工智能领域人才的棘手问题就是如何衔接多层次的教育体系问题。造成这种现象的深层次原因之一是师资力量薄弱，学校难以吸引高端人才全职投入人工智能基础教育，缺乏一批智能教育的引领者。另一个不可忽视的原因是，人工智能教育尚需一套完善的标准规范。

（二）教育管理者需要重构工作流程

“互联网 +”、多媒体、大数据等技术的应用，为快速获取和呈现信息提供了新的渠道和手段。招生、研培、学校布局等工作均可依据大数据实现科学管理和决策，原有部分工作流程可能不再需要，精准管理成为可能。

管理者应该思考如何重构工作流程，借助人工智能等技术，实现自动化管理，利用大数据、“互联网 +” 等技术，向智慧管理过渡，最终实现依法依规科学管理和决策，优化组织结构，使教育工作更高效。

（三）教师需要应用人工智能转变教学方式

人工智能支持下，未来教师角色将发生极大变化，人工智能将会帮助教师从机械、重复的脑力工作中解脱出来，比如阅卷、批改作业等。教师知识性的教学角色将会被人工智能所取代，同时，教师的育人角色将越来越重要，教师的核心任务不再是灌输知识，而是帮助学生成长，培养学生的核心素养，提高学生的问题解决能力、审美能力、协作能力、知识的社会化运用能力。因此，教师应该探寻一条与人工智能和谐共教的道路，迎接即将到来的人机共教时代。

移动终端、“互联网 +” 等技术的应用，为学生自主学习、个性化学习提供了条件，但是课堂教学整体上是计划性的，教师应思考如何合理安排学习活动和学习资源，做到既保证课堂教学的整体进度，又使学生在局部活动中有一定的个性化。同样值得重视的是，“互联网 +”、人工智能等技术的应用，能够将更多的教学智慧传递到每个班级、每个家庭，教师也要结合自身的实际情况借助人工智能促进教学质量快速提升。由此可以看出，智能时代教师的教学方式亟须转变。

（四）学生需要运用智能技术转变学习行为和方式

“互联网 +”、大数据等技术的应用，打破了学生主要通过课堂获取知识和信息、学习步骤一致的格局。学习行为可以发生在任何时间、任何地点，学习内容或者学习时间被分割，学生可以通过互联网获得自身需要和感兴趣的学习内容。人工智能时代，每个学生可以拥有一款智能助手，将简单、重复的任务交由人工智能助手完成，并通过拍照、语音交互等方式向人工智能助手求助，进而提高自身在真实情境中的问题解决能力。

（五）人工智能时代课程内容需要改造升级

在当前教育体系下，学生为了在考试中取得高分，往往靠死记硬背的方式来记忆知识点，学生的这种学习方式是无法适应人工智能时代的学习要求的，因为知识记忆是人工智能时代下机器的常态和基础能力，而且这种能力远远超越了人类。因此，人工智能时代的课程内容不能以知识记忆为主，而应更注重培养学生的创造性思维能力和问题解决能力。

（六）需要注意人工智能教育中的伦理、社会及安全问题。

数据泄露、不受限的人工智能教育应用，将可能偏离教育的方向，产生一些伦理问题甚至是法律问题。互联网在给我们的生活带来越来越多便利的同时，也存在一些隐患，如网络暴力的滋生、信息的泄露、网络欺诈行为等。教育大数据涉及教育者、学习者、管理者等各个层面的隐私数据和安全数据。这些大数据谁能看见？谁能使用？人工智能分析大数据的哪些方面？为了解决这些现实问题，应该制定与安全应用相关的规则，运用相关技术保护使用者的隐私和权益，着力推动人工智能在教育领域的良性发展。

未来的时代是人工智能时代，无论是教育行政机构、教师还是学生，都应为迎接人工智能时代的到来做好充分的准备，不断适应人工智能时代的教育教学需求。

第二节　人工智能时代的教育教学

一、智能化教学

在教育信息化 1.0 阶段，人工智能等技术对教学方式的影响主要体现在“应用驱动”上，其典型特征体现在以基础数据收集与呈现点状式分布、零散的教学辅助类应用为代表的教学辅助上。教育信息化进入 2.0 时代，随着信息技术特别是人工智能技术的发展，教学方式将发生变革和重构。人工智能技术不再仅仅体现辅助的功能，技术与教育教学的深度融合、技术对教学模式策略与方法创新的支撑和引领成为典型特征。

人工智能技术对教育教学的变革，在于对传统教育的价值重建、结构重组、流程再造、资源重配、文化重塑，改变教育发展的动力结构；人工智能技术对教育教学的重构，体现在重构师生关系、重构教学资源形态、重构人际互动方式等多个方面。这些特征将集中体现于教育教学的全流程当中，包括智能备课与教研、智能授课与精准教学、智能答疑与辅导等。

（一）智能备课与教研

备课是教学的基础环节，备课质量在很大程度上决定课堂教学的效果。备课通常包括三个方面的核心内容：学生情况分析、教学资源组织和教学方法选择（通常称为“备学生、备教材、备教法”）。将人工智能技术应用于备课环节，将提升备课效率、优化备课方式：大数据与学习分析技术助力学情分析，提供更精准的学情报告，使得备课更有针对性和个性化；自然语言处理、数据挖掘等技术赋能资源获取与推荐，呈现更丰富、多元化、精准化的教学资源，让教学资源组织更加合理有效；基于精细化的学情分析和精准化的教学资源组织，生成个性化的教学设计方案，为教师备课提供可行性方案和优化建议。

人工智能技术对备课的改进不仅体现在备课内容上，还体现在备课形式上。网络集体备课，一方面体现了技术支持下备课形式的改进，另一方面也是一种重要的“互联网 +”背景下的教研组织模式。视频技术、互联网技术、学习分析技术、虚拟现实技术以及人工智能技术支持下的教师教研，呈现出数据化、协同化、精准化等特点，有效地促进了教研质量提升和教师专业成长。

1. 学情监控与分析

在数据挖掘、机器学习、视频分析、自然语言处理、学习分析等技术的支持下，智能技术可以灵活地处理大量的文本、数字、声音、图像等多种形式的非结构化数据。基于人工智能技术的学情分析，可以收集学生个体的学习态度、风格、学习效果等信息，以此实现针对学生个性化需求的教学设计，还可以了解学生群体的学习氛围、成绩分布等群体性学情信息，从而全面掌握班级整体情况，合理组织教学资源、选择教学方法。

2. 教学资源组织与教学设计生成

在教学资源组织和教学设计生成环节，自然语言处理、智能推荐、虚拟现实等智能技术能针对不同的教学情境，智能获取并推荐相关教学资源，包括优秀教学案例、教材资源、3D 和虚拟现实等多种形式的教学辅助资源和教学工具，协助教师完成和优化教学设计，提高备课效率。

3. 教学研究

教学研究（简称教研）是教师在专业方面成长的重要途径。将人工智能技术应用到教研中，一方面可以留存完整的教学实录，便于课堂教学分析；另一方面，在数据分析技术的支持下，教研活动由经验主导转向用数据说话，使得教研活动更具精准性和针对性。此外，基于学校或区域数据信息资源，通过数据挖掘、互联网技术等智能技术支持，可以共享优质教研成果，形成在线区域化协同教研模式，为教师专业发展创造更多机会。

（二）智能授课与精准教学

课堂教学是学校教育的主阵地。只有当人工智能技术能影响或重塑课堂教学时，才真正谈得上人工智能促使教学发生了变革。

1. 双师课堂

顾名思义，双师课堂是指课堂内有两名教师，这里是指一名是真人教师，另一名是人工智能技术支持下的 AI 教师。在当前阶段，AI 教师主要是指通过视频技术进行放映的授课视频或者远程实时授课，一般是比较优质的视频课资源或者名师在线远程教学。这种状态下的双师课堂，AI 教师负责知识的传授，真人教师负责现场的组织和个性化答疑。

随着教育机器人技术的不断发展，AI 教师将会以机器人的形式出现在课堂中。真人教师负责课堂教学工作，AI 机器人教师则实时监控并向教师反馈学生的情况，将教师选择的教学资源个性化地传递给学生，辅助教师进行教学内容展示等。

2. 精准教学

精准教学（Precision Teaching）的概念是由奥格登·林斯利（Ogden Lindsley）于20世纪60年代根据斯金纳的行为主义学习理论提出来的。起初，精准教学旨在通过在课堂教学中测量学生的学习行为，来追踪学生的学习表现和提供数据决策支持。后来，精准教学的相关理论发展为用于教学管理工具的“精准教学框架”，用以指导和检验课程、教学和评估。

在精准教学具体应用实践中，传统技术手段的局限性越来越突出：数据采集只包括行为频次、响应时间等少数指标，而数据分析只基于单一维度数据，分析结果主观性强，容易出现以偏概全的情况；此外，在数据收集过程中，师生要定期记录自己的行为数据、填写表格等，工作过程烦琐，影响正常教学，难以长期坚持。

大数据技术和人工智能技术的出现给精准教学带来了发展转机：学习行为记录的过程由人工智能系统自动完成，使得记录过程更容易，记录内容更准确、全面；行为数据的分析由人工智能技术支持的学情分析系统完成，分析结果更精准、客观；人工智能系统可以根据分析结果自动推荐干预策略，使得精准教学过程更加完善。

人工智能时代的精准教学呈现出新的内涵：以大数据技术、智能技术为手段，在精准分析学生学业现状的基础上，对教学目标进行精准定位，对教学内容进行精准定制，对教学活动进行精准设计，对学生的学习表现进行精准评价，进而做出精准教学决策，使教学过程和教学结果可量化、可监测、可调控。

美国北卡罗来纳州立大学开发的学习者情绪监控系统，由一套可以对学习者的课堂行为进行多方位监控的设备组成。其中，Kinect深度相机可以检测姿势和手势，集成网络摄像头可以观测面部表情，皮肤电传导手环可以检测肤电传导活动。该系统通过对学习者的面部、手部、皮肤等部位的行为进行采集分析，可以更加准确地识别学习者的情绪，从而对学习者进行相关干预。

（三）智能答疑与辅导

答疑与辅导是课堂教学的延伸，是对课堂教学效果的巩固和保障。人工智能技术在这个环节发挥的作用不容小觑：一方面，重难点知识与学生的疑惑具有共性，人工智能技术可以基于这种共性，对问题疑惑进行预设，解答学生的大部分问题，大大减轻教师的工作量；另一方面，人工智能技术能够基于对每个学生的学情分析，进行个性化的辅导服务，使得答疑与辅导更有针对性。

对于教师来讲,有了人工智能技术的帮助,可以实现智能出题与批阅、智能辅导等，在减轻工作量的同时，提高了教学辅导效率。

1. 智能出题与批阅

答题是检验教学成果、巩固教学内容的重要方式，而对题目的选取和组织至关重要。题目是否反映所教与所学？是否有难度梯度以适应不同水平的学生？是否具有典型性和针对性？这些都是教师出题时需要考虑的问题。在人工智能技术的支持下，基于学生对所学知识掌握情况的差异，通过自然语言处理、数据挖掘等技术手段，可以智能生成针对性的习题，有效节约教师为学生制定个性化测试的时间，并给不同学生提供更有针对性的辅导练习。同时，基于智能技术的智能化批阅，使得作业批改更加客观、准确，也有效减轻了教师的工作量。

2. 智能辅导

对学生的具体问题进行针对性讲解是课后辅导的重要形式，然而，由于教师的时间和精力有限，在一个教师面对多个学生进行辅导的情况下，辅导的质量难以保障。在人工智能技术支持下，可以实现对每个学生一对一的辅导，不仅提高了效率，而且提高了辅导的针对性，使辅导效果大大提升。

二、智能化学习

（一）智能学习助理——教育机器人

比尔·盖茨说过：“我看着多种技术发展的趋势开始汇为一股推动机

器人技术前进的洪流，我完全能够想象，机器人将成为我们日常生活的一部分。”机器人作为人工智能技术的一种载体，可以将多种智能技术与各领域的实际场景相结合。知识表示、机器学习、自然语言处理等技术在教育领域的综合运用，推动了教育机器人的出现。教育机器人与学生进行交互，向学生传授知识，进行情感陪伴，指导帮助学生学习，促进其健康成长。

教育机器人综合了多种人工智能技术，目前教育机器人的相关研究，主要关注外观、听觉能力、视觉能力、认人能力、口说能力、同情心与情绪侦测能力和长期互动能力七个方向。它们拥有学生喜欢的外形特征，能够正确辨识学生语音语义、人脸动作和面部情绪，可以和学生正常对话，及时了解学生认知和情绪状态，与学生积极互动，最终促使学生增强自信、提升学习兴趣并积极参与学习。结合上述七个方向，利用模式识别、仿生科技等关键技术，使得教育机器人能够像真人一样进行思考、动作和互动，从而优化学生学习体验，提高学习效率。

目前已投入应用的教育机器人种类丰富，教育机器人在支持学生学习的四种教育教学场景中发挥着不同的作用。

（1）自动命题和批阅作业。教育机器人既可以协助教师进行重复性劳动，从而大大减轻教师的工作压力，也可以让学生在短时间内获得准确的测试和作业评价反馈。

（2）学习障碍自动诊断与教育决策。教育机器人可以有效识别学习存在困难的学生和学生学习的薄弱部分，通过数据挖掘和学习分析等智能技术，机器人即时发布学生学习诊断报告和学习预警，并做出有针对性的教育决策。

（3）身心健康监测与综合素质评价。教育机器人将综合考虑学生各方面的发展状况，有效保证学生身心健康成长。

（4）个性化指导与生涯规划。教育机器人可以为学生提供个性化服务，基于学生个体需求，采取符合该学生学习特点的措施和手段，指导帮助学生解决问题，促进其个性化发展。

目前从市场角度上来看，教育机器人的应用主要集中在机器人教育和教育服务两方面。在机器人教育中，学生可以利用动力机械进行组装，来学习物理学原理和空间结构等内容；可以利用智能操控对机器人设置驱动控制系统和驱动装置等;还可以以竞赛的形式设计情境,搭建机器人,并通过任务编程等进行机器人的实战对抗，这类教育机器人能激发学生对智能技术的学习兴趣，大大提升学生信息技术能力和在数字时代的创新能力。

在教育机器人应用领域中，编程类机器人为我们大家所熟知，硬件配套、可视化、模块化的编程环境便于儿童学习控制机器人的传感器和移动设备，以及顺序、分支、循环等程序结构，学生可以充分发挥自己的想象力和创造力，设计、搭建、开发富有创意的作品，有效培养计算思维和创造性思维能力，在一些高层次的大型比赛上常常能看到这类机器人的身影，它鼓励学生探索、动手操作与学习，将工程技术概念应用到真实世界中，减少科学和数学的抽象性，激发学习动机，增强自信心，提高学生的学习兴趣、交流和合作能力、问题解决能力，同时减少焦虑等负面情感体验。目前已有大量研究证明编程类机器人对于学习效果的促进作用，它有助于学生对科学学科的学习，可促进学习中关键能力的提高。

随着机器人技术的不断发展，教育机器人在教育中的应用也越来越普遍，这类机器人指的是具有教与学服务的智能机器人，它可以包括以下几种：

（1）智能学伴。智能学伴通过引导和陪伴儿童学习传授知识，进行情感陪伴，达到寓教于乐的效果。它们拥有呆萌可爱的外形，丰富有趣的内容资源，深度优化的交互设计，逼真的拟人型动作，可以充当儿童的玩伴。这类面向儿童的教育机器人,其主要功能有开发孩子的智力潜能，培养孩子良好的行为习惯，在陪伴孩子的同时寓教于乐；在儿童与机器之间形成个性化教学闭环，在监测反馈基础上制定个性化课程，并进行交互式推送；通过标准化测试、情感分析等手段来监测儿童的学习状态。

（2）家庭智能助理。它会根据用户的需求完成一系列辅助工作，如在家庭聚会的时候，可以协助拍照；在朋友或家人发送邮件的时候，可以提醒你查看；在你安排好日程的时候，可以在接近的时间段告诉你该出发去做什么事了；甚至当你远离家中的时候，还可以协助你进行远程视频通话。在为个人解决家庭生活问题的基础上，家庭智能助理还可以作为个性化学习服务的助理。

（3）老年人专用机器人。这类机器人可以陪老年人度过闲暇时光，专门为老年人服务。此外，这类机器人还具有娱乐、脑力训练和复健教学等复健照护功能。

（4）安全教育机器人。这类机器人可以通过播放动画、视频来进行安全教育培训；还可通过角色扮演，向学习者传递安全教育知识。

（二）智能学习工具

1. 智能分级阅读平台

家长在帮孩子选书时会苦恼于如何选择孩子感兴趣的书，孩子自己选书也不知道应该选什么以及如何读，老师统一布置的阅读任务又不能满足学生的个性化需求。产生传统阅读教学问题的主要原因是家长、老师常常忽略了孩子的智力发展水平和阅读接受能力，儿童对自身的学习和阅读特点也不够了解。不同成长时期的儿童的阅读水平和阅读能力是不同的，如果能根据学生的个人需求和特点提供读物，便可以大大提升其阅读效果，而分级阅读能在激发儿童的阅读兴趣和培养良好阅读习惯方面起到重要的作用。

分级阅读就是根据儿童不同年龄段的智力和心理发育程度，家长和教师为其制订科学合理的阅读计划，提供具有科学性、针对性的阅读图书。这种由易到难、循序渐进，逐级选择最合适读物的方式既可以最大程度地激发孩子的阅读兴趣，也可以真正科学系统地帮助他们逐步提升知识理解能力、心智和情商等。

目前数据挖掘、深度学习、自适应测试等人工智能技术，都在一定程度上应用到了分级阅读平台中，这类平台被称为智能分级阅读平台。

在智能分级阅读平台中，开发者会构建一套分级阅读量化标准，对读者的阅读能力和内容的难度等级进行匹配，以指导学生根据自己的阅读能力科学地选择图书。智能分级阅读平台会根据儿童的阅读行为、喜好和数量等各方面的数据，通过数据分析、特征匹配、实时评估等流程，分析其阅读能力和水平，推荐适合该儿童阅读习惯和特点的内容。

智能分级阅读平台可以为学生、教师、家长等提供阅读支持服务。比如,家长可以从客户端上获取不同的信息,以优化孩子的阅读学习效果。又比如，在阅读过程中，老师和学生可以借助分级阅读平台，通过阅读浏览器、手机 APP、微信小程序等各种渠道进行阅读能力测评、书城精选推荐、阅读作业发布、阅读活动激励，还可以动态监测阅读进度并进行有效的指导。

在日常生活中，常见的智能分级阅读平台在面向学生的分级阅读、面向教师的阅读管理和面向区域的阅读监测等方面均能提供不同的服务和功能。

在面向学生的分级阅读中，平台会对不同年龄段的学生按照阅读难度将阅读读物进行分级；当学生在平台上进行阅读能力测试时，系统会根据学生的答题情况实时调整出题难度和方向；在学生通过测试得到相应的阅读能力值以后，系统会根据学生的阅读能力匹配相应难度等级的读物内容；当学生利用平台的短文、图书、有声书资源进行自学时，平台会结合学生的阅读能力、兴趣偏好进行个性化推荐，并不断动态完善阅读训练计划，以帮助学生高效阅读。

在面向教师的阅读管理中，平台会呈送能力测评报告，教师将会在智能分级阅读平台上收到学生的阅读能力测评报告，直观了解班级整体阅读水平，以及学生在字、词、句、段、篇等各大维度上阅读能力的薄弱项；平台还会提供学生阅读能力进阶的方案，教师可以据此有针对性地进行指导，优化调整阅读教学策略；平台也会记录阅读过程数据，当班级学生完成任务并进行阅读检测后，教师将收到班级阅读任务报告，从中可发现学生完成任务时所存在的不足，并及时做出调整。经过一段时间的阅读训练后，教师可以通过智能分级阅读平台了解班级学生阅读量与新课标要求阅读量的差距，了解阅读总量、阅读时长、阅读内容和阅读偏好等班级整体及学生个人数据，生成形成性评价，给予学生积极有效的阅读反馈。

面向区域的阅读监测能帮助教育管理者及时了解辖区内阅读教育的实施情况，对阅读教育进行监管和给出决策方案。智能分级阅读平台可以让省、市、区、县各级教育管理部门了解辖区内进行阅读能力测评的学生数量，各区域完成测评的学生人数比例，各年级学生阅读能力的平均值，各区域阅读能力值的对比情况，以及辖区内学生的阅读总量、阅读偏好等数据，进行精细化、智能化教育决策。

智能技术是实现分级阅读的辅助工具，它对于进一步激发学生的阅读兴趣，丰富阅读教学形式、内容，建立科学的阅读评价体系有重要的意义。

2. 拍照答疑工具

学生在遇到难题时，由于不敢向老师发问导致无法得到及时的指导；面对众多学生的不同提问，教师没有足够的精力进行答疑解惑；很多家长因自身条件限制，难以对孩子的问题进行有效指导。人工智能时代，运用拍照答疑工具能够轻松解决这些问题。

拍照答疑工具一般支持拍照搜题、答案解析、提供个性化错题本等功能，它主要通过光学字符识别技术、深度学习、数据处理等技术，实现对印刷体中文、公式、表格、英文等的识别。拍照答疑工具将识别的题目文本与工具数据库中的题库进行比对，找到最为相似的答案。首先，对不同格式的图像进行输入及预处理，并对图片中文本的行和段进行切分并进行版面分析；其次，通过字符切割将图片中的文本切割成一个个字符，通过 OCR 技术和深度学习技术进行字符识别；再次，在拍照答疑工具识别文字后保持段落、行及文字间的相对位置不变，实现版面恢复；最后，根据识别后的题目文本，在题目数据库中检索，查找获得最为接近的题目答案。

通常学生使用拍照答疑工具会有拍照上传、检索题目、查看答案、讨论互动四个环节，且拍照答疑工具能提供以下功能：

①识别多种题目类型。答疑工具具有丰富的数据库，包含了各学科、各学段的各类题型，学生只需拍照上传到工具中，即可获得相应的答案。

②详细呈现解析过程。答疑工具会为学生提供多种解题思路，让学生全面掌握各种解题方法。

③自动生成错题集。拍照答疑工具能够记录学生搜索过的每一道题，自动生成错题集，学生还可以收藏题目，分享到社交网站与同学们进行互动。

④用户实时参与答疑互动。拍照答疑工具还能提供老师答疑、求助同学的功能。当搜到的题目不准确时，学生可以向老师、同学发出请求，通过师生互动来解答问题。

3. 知识检索系统

知识检索综合应用信息管理科学、人工智能、认知科学及语言学等多学科的先进理论与技术，融合知识处理和多媒体信息处理等多种方法与技术，充分表达和优化用户需求，能高效存取所有媒体类型的知识源，如文本、图像、视频、声音等，并能准确精选用户需要的结果。在教育领域中，知识检索可以理解为学生根据需求，找出可以利用的知识，使问题得到解决的过程。

知识检索系统是存贮、发现、检索和利用知识，并以可视化方式为用户提供检索结果的智能化信息检索系统，其目的是快速查询和获取知识，并实现知识共享。系统能够从大量零散的数据信息中发现知识，解锁结果更为精准；而且系统具有强大的学习能力，能自动获取知识，直接向书本学习，并在实践中实现自我完善，形成自己的知识库；系统检索的知识性、交互性强，用户可以用自然语言更确切地表达自己的检索需求，获得更好的知识检索体验。

用户可以根据自己的需求和检索目的来选择多种检索方式，在此过程中，知识检索系统主要从人机交互、知识收集、知识处理三个层面实现其功能。人机交互层面，知识检索系统提供人机交互界面，用户向系统发出请求并接受系统的服务；知识检索系统中的人机交互层能理解、分析用户的检索请求，包括理解自然语言形式的检索请求，并以可见的方式把结果反馈给用户；同时还具有解释功能，在执行查询过程中，也能实现与用户的交互，精确了解用户的真实请求。

在知识收集层面，系统对外界输入的数据、信息进行预处理，系统也通过机器学习、基于神经网络的学习等来实现知识的收集、过滤、表达和存贮，形成知识库。知识库内包含各种知识，如与用户需求、偏好、背景等有关的用户知识，与隐性知识和显性知识有关的专家知识，以及与科学分类知识、专业概念知识等有关的领域知识。

在知识处理层面，系统将用户检索需求与自身知识库内容进行匹配，系统通过知识数据挖掘等技术，挖掘数据、信息之间的知识关联，根据用户的检索请求，运用一定的检索匹配规则，从知识库中选择满足用户需求的知识内容。

首先，系统通过人机交互层从外界捕获数据、信息，经过信息过滤、编码、存贮，形成自身的知识库。其次，系统通过人机交互层接收用户发出的检索请求，通过分析问题，构造检索表达式，精练用户的真实检索请求，并从自身知识库中不断获取筛选检索结果。最后，系统将结果与用户需求进行相关性判断和匹配，输出与用户需求最相近的检索结果，用户也可向系统反馈自己对检索结果的满意程度或进行纠错。

（三）智能导师系统

信息时代，手机、平板、PC 等设备已经成为人们常用的学习工具。随着信息技术的飞速发展，这些设备也变得越来越智能化，它们拥有丰富的专业知识，能快速了解学习者的学习需求，为学习者选择适合的学习内容，并给予及时的学习反馈，如同一位专属的私人教师。那么，是什么使得学习工具有如此高的智能呢？答案就是智能导师系统。

智能导师系统，又称智能教学系统，是指利用人工智能技术模仿人类教师在教学中所承担的角色，为学习者提供个性化指导，帮助不同需求和特征的学习者获得知识和技能的一个智能化的计算机辅助教学系统。

1924 年，美国心理学家普雷西发明了世界上第一台教学机器，允许学生自定步调，要求学生积极反应和即时反馈。这种机器可以自动测试和记分。它的原理十分简单，它会给用户提供一套选择题，并且事先备好答案，在教学模式中，只有当用户选择了正确答案，机器才会前往下一题。虽然这台机器并没有那么智能，但它开了智能教学系统研究的先河。

随着计算机网络技术、多媒体技术、人工智能技术的发展及其在教育领域的应用，教学机器经历了程序教学、计算机辅助教学后才出现了真正意义上的智能教学系统，并逐步转向支持个别化学习与协作学习。简单来说，智能导师系统是一个计算机导师，运用智能感知、学习分析、情感计算等智能技术，使其能够模拟人类教师开展教学活动。它可以适应学习者的特性，比如学习者独有的认知、情感和社交习惯；能根据学生的个性、知识、能力乃至先前表现制定促进学生学习的方案，实现精准教学与个性化学习。

智能导师系统通常由领域知识库、学生模型、教学策略和推理模块、人机接口四个部分组成。领域知识库是针对某一领域知识需要而构建的，是智能导师系统的重要组成部分，主要解决“教什么”的问题，包括教学所需的相关知识（概念、事实、规则以及问题求解策略）。领域知识库是专家知识的来源，是评价学习者学习表现或错误判定的标准，其优劣直接决定着智能导师系统的质量。

学生模型建立于领域知识库之上，是智能导师系统的核心。它负责存储学习者的基本信息和有关学习者学习过程的动态信息，该动态信息随学习者的学习过程动态更新，收集学生特征进行建模，是实现个性化教学的基础。

教学策略和推理模块接收来自学生模型的信息，依据教学原理，选择合适的教学策略，根据教学策略从领域知识库中选择合适的教学内容。该模块关注如何合理、有效地组织教学及解决如何教的问题。

人机接口是智能导师系统的前端交互界面，集成了包括图形、文本、多媒体、键盘输入、鼠标驱动菜单等在内的与学习者交互所需的所有类型的信息。它负责学习者或教师与智能导师系统之间的交互。交互设计的研究最为多样化，主要研究热点包括自然语言理解、人机对话、虚拟现实等。

智能导师系统能够自动产生问题求解方案，这一功能主要体现为计算机能够自动对问题进行求解，并给出解题过程和提示以供学习者参考；系统还能够对学习者的学习过程即知识的建构过程进行采集和表示，以完善学习者模型，并为学习诊断提供数据来源；系统还能够诊断学习者的学习活动，这一功能主要体现为对学习者的学习过程和学习效果进行诊断和评价，发现学生学习过程中的优点与不足之处；系统还能及时为学习者提供学习建议和反馈，完成诊断后，给出反馈，向学习者提供有针对性的学习建议，并为其推荐个性化的学习资源。在教学中，智能导师系统的应用十分广泛，如学科知识教学、技能训练仿真、思维能力训练、特殊教学等等，不同教学领域的智能导师系统，其功能会有相应的调整。

第三节　人工智能时代的教育研究

一、基于可视化的教育研究

在 20 世纪 50 年代，计算机图形学出现以后，人们便开始利用计算机制作图形图表。1987 年，由布鲁斯・H. 麦考梅克（Bruce H. McCormick）、托马斯・A. 德凡蒂（Thomas A. DeFanti）和玛克辛・D. 布朗（Maxine D. Brown）所编写的美国国家科学基金会报告《科学计算中的可视化》（*Visualization in Scientific Computing*）发布，标志着可视化领域获得大幅度发展，促进科学可视化、信息可视化到数据可视化的不断演变与发展。

教育研究者将可视化分析方法应用于教学及科学研究中，将研究成果量化、直观化，从而进一步指导教师的教学及科研工作。随着可视化技术的不断成熟、教育大数据的不断积累，越来越多的可视化分析工具以及数据分析方法涌现出来，并在教育领域的作用和价值越发重要。

（一）直观化

直观化使得数据经过可视化处理后变得更容易理解和解读。教育领域产生的大量数据经过可视化分析和处理后，可以应用于不同的情境，解决不同的教育问题，如可以直观地呈现学习路径的变化、深入地解读教育政策及形势的变化、分析研究主题及领域的现状与趋势等。

苏坦·阿拉维（Sutan Alalawi）等人在研究中提出，在积累了大量教育数据信息的基础上，如何合理、有效地获取这些数据背后的价值且可视化地呈现这些信息，是研究者面临的一项挑战。研究者在文章中提出了一种新的数据可视化技术，即使用微软的 Excel 仪表盘、基于 VB 语言的应用程序以及 Pivot 表来可视化地呈现数据信息。结果表明，教育门户网站中所隐藏的大量有价值且有趣的信息亟待研究者去发现和探索。胡丹妮等人从学习分析的角度出发，采用滞后序列分析法，对学生在线学习中的关键时间节点进行编码后，通过 Gephi 可视化工具将学习路径可视化呈现。该研究通过可视化分析，揭示了学生在线观看视频和完成作业两种学习活动的先后顺序，为教学设计者和平台开发者提供了一定的参考。

（二）关联化

数据可视化可以帮助教育研究者对学生日常学习的行为以及各项数据进行再度融合和关联，进而打破各项数据的界限，形成较为完整且系统的数据画像。数据的可视化离不开数据挖掘和学习分析，如学生的学习成绩与学习行为的关联、学习风格与在线交互行为的关联等，在关联规则的数据挖掘和学习分析的基础上呈现数据的价值和意义。

陈擎等人在研究中采用 PeakVizor 可视化系统，分析了 MOOC 视频交互中的复杂学习模式。该系统使得课程教师和教育专家对大量点击流的峰值或视频片段进行分析并获得相关性视图，从而显示了不同学习者群体之间的相关性和峰值。王国琼以山东省某大学 2013—2015 年度毕业生和部分在校生为研究对象，从数据可视化的角度分析了学习者的学习成绩和日常行为之间的关系。该研究采用 Echarts 可视化图表工具，以灵活且立体的形式展现了数据分析的结果。

（三）交互性

技术环境下师生、生生之间的交互能促进教学信息交流和师生情感沟通。在线学习数据可视化能够帮助教师及时理解教学或学习的动态交互过程，深入了解学习者的在线行为，为及时调整教学策略、改善在线教学交互过程、提高学习者的交互参与度以及学习者的深度学习提供支持。

教育数据可视化全球教育出版商培生教育（Pearson Education）制作的学习曲线库将60多个全球数据集整合到一起，利用高度复杂的数字交互数据可视化来构建教育系统的知识。它的学习曲线提供了一套动态的、用户友好的地图和时间序列工具。这种可视化的交互性学习曲线使各国都能够在空间和时间上对其教育投入指标、教育产出指标等教育表现进行比较和评价。金敏贞（Minjeong Kim）等人提出并开发了多维交互分析工具（MIAT）。该工具综合了一维分析方法的功能，可以同时提供定量分析、内容分析和关系分析的结果，还能将分析的结果可视化，以便研究人员看到交互的过程，以及学习者之间的可视化关系结构。同时，该工具具有灵活性，可以将现有分析方法的特定分析框架修改为各种形式。结果表明，这种灵活、交互可视化的分析工具为教师和研究人员提供了有意义的信息，为教师及时采取干预和引导措施提供了依据。

二、基于大数据的教育研究

随着大数据技术的日益发展，其应用领域越来越广泛：在服务行业中，可以利用大数据来获得有价值的用户反馈，从而及时优化和改善服务；在医疗行业，利用大数据可以精准地诊断疾病，从而更好地为病人提供优质的治疗方案。

在教育领域，数据挖掘技术、可视化技术、学习分析技术等智能技术的发展，不断推进教育模式的创新，数据驱动的精准教育模式将成为未来教育的新常态，从而推动教学过程的优化和精准化。数据挖掘是指从数据库的大量数据中揭示出隐含的、先前未知的并有潜在价值的信息的非平凡过程。通过数据挖掘技术可以获取学习者和教师在教与学中的有价值的数据，分析和预测学习者的学习行为和效果，从而最大限度地优化其学习过程。学习分析技术是测量、收集、分析和报告有关学习的数据，用以理解和优化学生在学习过程中产生的数据的技术。它可以在数据挖掘的基础上，可视化地分析和预测学习者特征、学习行为与学习效果间的关系，根据学习者的能力及需求提供个性化、自适应的学习。

大数据时代，在线学习变得普遍，其中慕课平台及其背后的数据为教育研究者们提供了大量有价值的信息。教育研究者们通过大数据技术来获取学习者在学习过程中的数据，从而获取学习者的学习特点、学习路径、学习风格、在线学习中的会话内容、参与度以及学习成绩等信息。教师通过获取这些信息来对学习者进行及时的、有针对性的干预及引导，促进学生的个性化学习。另外，大数据可以支持教师进行在线的学习测评，围绕学生存在的薄弱环节，生成智能的练习方案及自适应的学习策略。

（一）学习分析

在教育领域，大数据和学习分析的结合很好地实现了教育研究的精准化，教育研究者通过学习分析技术可以更加科学地预测和分析学习者的学习行为及学习效果，为学生个性化学习提供了有力的支持。

姜强、赵蔚等人通过对中外相关文献的综述和分析，强调了个性化自适应学习的发展趋向，使其成为大数据时代数字化学习的新常态，从数据与环境、关益者、方法和目标四个维度构建了基于大数据的个性化自适应在线学习分析模型，并选取了 60 名教育技术学专业的学生作为研究对象进行 C 语言程序设计课程的学习，随后对他们的学习过程和效果进行可视化分析。最后研究表明，通过对研究对象的学习行为和知识的掌握进行数据分析，可以推荐合理的学习路径以及难度适中的学习资源，并且能够对学生的学习效果做出及时、准确的反馈，为学习者提供个性化的服务干预，有利于促进教师的教和学生的学。

赵楠、贾积有等人利用大数据探究学习行为与学习效果的关系，采用数据挖掘软件SPSS和WEKA对参与慕课学习的学员的学习行为数据进行了详细的分析，发现学生的最终成绩与在线时长，平时小测成绩，浏览网页、视频、课件的次数，以及发帖次数等呈显著正相关。其中，网页浏览次数和平时小测成绩对最终成绩的预测力度最大。基于以上数据挖掘的结果，研究者对慕课教学设计提出了建议，如根据学生个性特点设置个性化的考评措施、重视平时小测设计、优化视频和讲义的设计等。

（二）学习评估

评估是教学设计以及学习过程中的重要环节。大数据时代，评价作为一种教学手段越来越被大家所重视。学生在学习过程中产生的一系列数据都为教师的教学以及评价学生的学习效果提供了有力的数据支撑。教师可以获取更加科学、可靠的过程性数据，参考来自学习者自身和同伴的多重评价，能够形成更为精准、科学的评价。评价不仅可以激励学生努力学习，还可以帮助教师改进教学方法。

安格里（Angeli）运用关联规则的数据挖掘工具，测量了不同学习风格的学习者如何在拟定的情境中协作交流并解决问题。研究结果表明，教师可以根据大数据提供的有价值的信息，针对协作中存在的问题、意见反馈以及协作的结果，掌握不同风格的学习者之间的性格和交互行为差异，并不断地优化教学设计和教学评估活动。孟军、刘冰璇等人研究了大数据背景下高校翻转课堂的学习评价，构建了高校翻转课堂学习评价指标体系，并应用于课堂教学实践中。该研究运用层析分析法和模糊评价法对学生的个性化学习进行了评估。该研究的评价指标涵盖学生课前、课中、课后的过程性数据以及学习结果，真实、全面地反映了学生的学习行为及状态。结果表明，学生参与翻转课堂提升了学习的积极性。

（三）学习追踪

在网络学习环境下，学习路径的追踪和分析是一个重要的研究课题。在学习分析领域，通过数据挖掘和建立学习模型，可以对学生的协作交互、沟通交流以及评价反馈的数据和路径进行跟踪和分析，从而优化学习路径，制定个性化的学习方案。

阿泽·努伊拉（Azer Nouira）等人在研究中提出了一个评估分析的本体论模型，该模型受到 xAPI 模型的启发，可以更加有效地对学生在线学习的评估数据进行跟踪记录以及分析。最后，研究者开发了一个基于 Java 语言的 Web 应用程序，可以将整个学习数据中的一系列评估数据提取并保存成 OWL 格式的文件。随着物联网技术的发展,一些可穿戴设备、眼动、脑电以及录像设备等多模态数据成为学习追踪的重要数据源，马丁内斯·马尔多纳多（Martinez Maldonado）等人在一个模拟医疗实践课堂中，采用深度传感器获取学习者对人体模型的操作行为以及位置信息，通过视频录像的方式记录学习者与同伴的协作交互行为，实现了真实课堂环境中多模态数据的采集与分析。

三、基于多模态的教育研究

多模态数据是指通过两种及以上的方法获取的同一对象的相关数据，如语言、文本、视频、眼动、触点、日志等。其研究经历了人类行为多模态研究、多模态计算机处理机制、多模态互动研究、多模态深度学习研究四个阶段。大数据在教育领域得到广泛应用，数据挖掘、学习分析等互联网技术也不断应用于教育，使得课堂教学形式逐渐改变，慕课、翻转课堂等新的教学形式不断涌现，推动了教与学的物理空间、资源空间、社交空间等逐步融合，这也使得教育领域的多模态融合变为可能。2012 年多模态交互国际会议（ICMI）上，“多模态学习分析（Multimodal Learning Analytics）工作坊”正式建立。

在学习者与计算机交互过程中，捕获多模态数据可以提高学习性能的预测精度。人工智能时代，学习者在学习过程中的各项过程性数据都能得以存储，为基于多模态的教育研究提供了一定的技术支持。利用人工智能技术，可以整合包括文本、图像、声音等在内的各种信息，从而让人机交互变得更精确、更稳定，使学习者的学习状态识别更为准确、方便。基于多模态的教育研究，为研究者分析课堂师生互动情况、预测学习者学习行为、识别学习过程的情绪动机等提供了便捷。

（一）互动分析

师生互动是课堂教学的重要形式，对教学影响深远。有效的师生互动是改善学生课堂学习、促进教师专业发展的重要途径。多模态应用课堂师生互动分析，一方面能帮助教师掌握每个学习者的学习特点，以便因材施教；另一方面，可以让学习者清楚地了解自己的学习风格、课堂参与度等，从而及时调整学习方式，促进学习效果的最优化。

钟薇等人收集分析了42名学生在数字化课程教学平台黑板（Blackboard）上的多模数据：行为数据（课堂行为转换）、心理层数据（线上话语数据、小组汇报、课堂发言、回帖、发帖），发现该班级的课堂活跃程度较低，教师讲解占据了课堂的主要部分，同时，学生对话题或观点不能进行较高层次的判断或提供有建设性的意见。比斯瓦斯（Biswas）等人跟踪了学习者在开放式学习环境下的学习行为（阅读、做笔记、判断正确性、与教师的对话等）、情感状态、眼动数据，并进行多模态互动分析。结果表明，多模态课堂互动分析能促进教师深刻理解学习者的表现，为学习者与教师的互动合作提供建议。

（二）过程追踪

对课堂中学习者的学习行为进行预测，能为学习效果提供有效指导。融合来自不同模式的多模数据，有可能进一步提高预测的准确性。多模态应用于学习者行为预测，能帮助教师及时采取干预措施，并将数据及时反馈给学习者，以数据驱动的方式带动学习者的主动调节。

曹晓明等人通过让50位学习者自主学习慕课上指定的三门不同学科的视频片段，并每3秒记录一次学习者的脸部图像、脑电波数据和学习日志等，发现基于脸部图像、脑电波、学习日志等多模态融合的模型对学习者学习参与度预测的准确率高达87%。结果表明，在教育领域，多模态能够为学习状态预测提供便捷有效的手段与途径。吉安娜科斯（Giannakos）等人在其研究中收集了点击流数据、眼球追踪、脑电图（EEG）、视频和腕带数据，用于分析预测学习者的学习行为。结果表明，传统的点击流模型在预测学习性能时的误差率为39%（在进行特征选择时的误差率为 18%），而融合多模态模型的误差率仅为 6%。研究证明，应用多模态来预测学习行为是一种切实可行的方法，可以准确地跟踪用户在学习过程中的状态，并为技术促进学习提供新的证据。

（三）学习诊断

学习者的情绪状态已被证明是成功学习的一个关键因素。情绪会影响学习者的认知学习过程，深入理解学习过程中的情绪状态和变化情况，能够为更具人性化和针对性的学习干预提供依据。多模态可应用于学习过程中的情绪识别，判断学习者内隐的情绪状态，并及时提供积极的反馈，促进学习者的参与并及时调节。

以斯－扎乌亚（Ez-Zaouia）等人的研究中，使用异构 API 测量来自不同数据源（音频、视频、自我报告和交互跟踪）的学习者情绪，并提出了一种结合不同线索来推断学习者情绪状态的方法。结果表明，多模态、情境化的可视化分析仪表板可以让教师监控学习者的情绪，更好地理解他们在同步学习活动中的演变。郭杰等人在研究中，首先，通过时间注意滤波器获得整个视频段的时间跨度特征，以便对视频和音频数据进行对齐；其次，利用双分支网络结构，将匹配的视觉和听觉特征集成到公共空间中；最后，将融合的视听特征用于子任务的回归和分类，以唤醒值、效价值和恐惧程度来测量用户的情绪反应。结果表明，多模态数据融合的算法不仅能够准确预测视频片段的效价值和唤醒值，而且能够准确预测视频片段中引起恐惧的片段。该研究表明，将多模态应用于情绪识别中，能够准确预测学习者的主观感受，为学习者根据自己的需求预测自身偏好提供了一种方法。

第七章 STEAM 教育

STEAM 教育作为引起各国关注并实施的一种跨学科、整合式的教育模式，是各国保持经济竞争力的重要手段，也是普遍认为可以提升创造性思维等高阶思维的教育理念与方式。近年来，STEAM 教育理念在国际学术界与实践界的兴起，进一步印证了教育正在大踏步地与时代变革并进。这种变革不仅体现在技术和设备的创新性上，而且体现在加快教育模式与教育方式的转变上。

第一节 STEAM 教育概述

一、STEAM 教育内涵

STEAM 教育是科学（Science）、技术（Technology）、工程（Engineering）、艺术（Arts）和数学（Mathematics）教育的英文首字母缩写，提倡跨学科式教育,使用多学科思维和知识解决实际问题。STEAM 教育中的“STEM”涵盖了几乎所有的理工学科，而“A”也并非狭义的艺术概念。“A”包含广泛的人文艺术科目，涵盖社会研究、语言、形体、音乐、美学和表演等。一方面，艺术、音乐、美学等课程对于学生创造力的培养能够起到更大的作用;另一方面，STEM 主要是理工科的融合，人文艺术的加入，扩大了 STEM 教育与现实世界的相关性，其内在的美学价值可以使学生通过接触，在想象和情感的基础上，创造性地发展他们的科学思维，进而培养全面发展的合格人才。这是 STEAM 教育相较于 STEM 教育的新优势，也是对人文素养呼声日益高涨的客观现实回应。

从功能视角上看，胡恒波认为STEM是学习的工具和手段，指以科学的思维，通过数学的测量、排序等方式，借助使用工具等技术和使用材料设计创造等工程手段来解决问题。PD Morrell等人认为STEM是一种跨学科的学习方法，为了使学生能够综合运用科学、技术、工程和数学知识，融合了学术概念与现实世界的经验教训，让STEM教育培养的新人才能够在新经济大环境中保持强大的竞争力。李艳燕、黄志南认为STEM教育是在真实情境下、跨学科、面向高阶思维和高级技能的综合性学习，既可以基于问题、项目，也可以基于设计、团队而开展。

从理念视角上看，余圣泉等人认为STEAM具有跨学科、设计性、趣味性、体验性、情境性、艺术性、实证性、协作性、技术增强性九个核心理念，这九个核心理念是由STEAM教育内涵生成的。

从学科视角上看，STEAM教育即是科学、技术等多门学科的融合。周洋认为STEM包含数学、科学、技术、工程这四大学科，STEM教育强调在这四门学科之间应存在一种互补共生共发展的关系。王晶莹认为STEM教育是偏理工科的多学科交融领域，科学、技术、工程、数学这四门学科既独立又整合，是一个有机的整体。

从活动视角上看，王晶莹指出STEM学习过程即跨学科和项目式学习（Project-based Learning，PBL），并表示STEM的学习过程是一种复杂的、非线性的，多维主题和多元环境的，有其独特的学习特征、现代化技术、各类学习项目的科学实践活动。但在实践过程中，部分实践者会把STEM理解为简单的理工科学习，或者让学生参与的以机器人编程、3D打印等项目为基础的科学活动。

无论STEM、STEAM、STEM+等概念内涵如何演变，其最终指向的是跨学科这一特性，最终都倾向于STEAM。

二、STEAM 教育起源与发展

(一) STEAM 教育的起源

STEAM 教育的主旨是在儿童主动的学习探索中，帮助个体培养 21 世纪生存所必需的创新意识和综合发展能力。STEAM 发展脉络大致可分为三个阶段，即 STS—STEM—STEAM。20 世纪 60 年代末，二战后工业发展所带来的环境问题使得社会矛盾日益突出，加之当时很多学者对科学技术的社会影响以及科技与社会的关系的学术研究的推动，代表着科学（Science）、技术（Technology）与社会（Society）的 STS 顺势兴起。随着 STS 发展的深入与延伸，科学、技术与社会之间的复杂关系，是任何单一学科的理论方法都不能胜任的，多学科、跨领域的合作与交流才是 STS 的关键。STS 致力于揭示科学技术对社会与人文的价值，关注的是科学技术的价值论问题，技术服务于科学与社会的价值逐渐体现并促使了以 STEM 为代表的技术教育课程范式的形成。21 世纪全球化经济的发展引发了全世界对高素质人才的关注与需求，为了实现经济增长，增强国际竞争力，应对未来高素质人才核心技能的需求，多元复合型人才的培养已成为全球教育发展的共识与趋势，由此 STEM 的形成可谓是顺势而为。

1983 年出版的《教育美国人为 21 世纪做好准备》提出“21 世纪的‘基础’已不仅是读、写、算，还应包括通信技术、问题解决的技能以及科学技术方面的素养”，这与 STEM 教育理念相契合。美国促进科学协会（AAAS）联合美国国家科学院、联邦教育部等 12 个机构，于 1985 年启动了一项面向 21 世纪、致力于科学知识普及的中小学课程改革工程——“2061 计划”，其目的是帮助美国当今的儿童能适应到 2061 年时科学技术和社会生活的急剧变化。它代表着美国基础教育课程和教学改革的趋势，体现着美国教育界对中小学生科学素养、数学知识和技术能力的关注。而 STEM 最早正式提出是在 1986 年的《本科的科学、数学和工程教育》（*Undergraduate Science, Mathematics and Engineering Education*）

（又称为《尼尔报告》）中。该报告首次明确提出科学（Science）、技术（Technology）、工程（Egineering）和数学（Maths）教育这个概念，被视为 STEM 教育的开端，由此引发了美国教育的改革。该报告针对大学本科教育中存在的问题，为提升国民竞争力、培养复合型人才，提出了要重视科学、数学和工程教育，为国家的发展做好准备。20 世纪 80 年代以来，出于对创新人才的培养要求，美国陆续制定发布施行了近二十项与 STEM 教育相关（包含全部相关和部分相关）的政府报告及政策，对 STEM 教育的关注度越来越高。

美国将 STEM 教育作为培养创新人才的重要战略，从国家政府层面到各个州，到各级各类 STEM 学校乃至民间组织、社会机构等非正式 STEM 教育机构，拥有一个较为完善的 STEM 教育生态系统，且具备丰富的 STEM 课程、项目和资源作支撑，从顶层设计、师资培训、资金投入、政策扶持等多方面共同推进 STEM 教育的科学化、规范化与专业化发展。这也为后来延伸出的 STEAM 教育的发展提供了参考和支持。2006 年，美国 G. 亚克曼（G. Yakman）教授首次提出将 Arts(艺术)学科与 STEM 原有四个学科进行融合，自此，STEAM 在 STEM 的基础上应运而生。具体来讲，STEAM 教育源于 STEM 教育的人文转向，是将代表人文艺术的 Arts 融入已有的 STEM 教育得到的教育新变式。近年来随着 STEAM 教育热潮在国内的掀起，STEAM 教育形式的重要性逐渐成为各界的共识，STEAM 教育也越来越多地得到认可和采纳。

（二）STEAM 教育在中国的发展

“STEM”一词最早自 2009 年被学者姜峰在对《美国竞争法》的述评中提及之后，逐渐进入我国教育研究者的视野，从 2012 年起呈明显的直线上升趋势。祝智庭认为我国的 STEM 教育研究和实践有两大特点：一是受美国已有 STEM 研究实践的启发和影响；二是我国处于大力提倡创造力和创新能力的经济转型关键时期。这两点决定了我国 STEM 教育的发展不能一味地模仿美国已有经验，而要走更适合我国基本国情的道路。

2015 年教育部印发的《关于“十三五”期间全面深入推进教育信息

化工作的指导意见（征求意见稿）》中，明确提出要“有效利用信息技术推进‘众创空间’建设，探索STEM教育、创客教育等新教育模式”，从政策层面给予了探索STEM教育一定的关注。2017年中国教育科学研究院STEM教育研究中心成立，并推出《中国STEM教育2029创新行动计划》。该研究中心聚焦STEM教育的战略性、前瞻性、长远性问题，通过整合院内外专家资源，进行STEM教育、创客教育、跨学科学习、众创空间等方面的理论与实践研究，用科学研究服务教育决策，为建设国家一流教育智库贡献力量。同年教育部教育管理信息中心等机构联合发布《中国STEAM教育发展报告》，就STEAM教育的本土化进程进行了深入阐述。

STEAM教育作为一种全新的教学形式，是一种跨学科融合理念和培养学习者解决实际问题能力理念的体现。STEAM教育多针对具体的实际问题并基于项目的形式展开，让学生参与到实际操作和解决问题中，并在综合运用多学科知识解决实际问题的过程中，逐步培养他们的科学素养、合作能力和问题解决能力。相较于STEAM教育，创客教育在我国发起时间略早。高云峰、师保国在《跨学科创新视角下创客教育与STEAM教育的融合》中谈道，“STEAM教育和创客教育具有共通和互补之处，创客教育是STEAM教育实施的有效手段，STEAM教育是创客教育的必要补充”，将二者有机整合，互为支持和帮助，可以更好地培养学习者的科学素养、创新素养、合作意识等多方面的综合素养。

目前我国STEAM教育主要在部分经济发达城市和具有较先进理念的学校、幼儿园展开。其中一些与相关营业性STEAM教育机构合作，由机构提供课程、材料和专业指导等方面的支持。也有一些学校自主尝试设计、开发和实施STEAM教育课程，在具体的设计和实施中，探究对学生学习能力、问题解决能力等的培养，并从中获取反馈和经验。同时教师不断进行教学反思，制定STEAM教育质量标准，从而更好地推进STEAM与学科融合。

此外，国内学者通过研究美国STEAM教育理念下的科学教育，发现其在课堂教学中多以项目为导向，在教材设计上注重学科间的相互渗透与融合，在教师培训、教育教学的测量与评价方面有严格的标准。这些都值得我国科学教育和 STEAM 教育借鉴和学习。

综上所述，我国 STEM 教育和 STEAM 教育在国内的发展都处于初始阶段，主要通过借鉴他国的研究和实施经验，再结合我国本土情况和特色，展开实施和相关研究。近年来，我国 STEAM 教育研究取得了一些实质性成果：第一，2017 年第一届 STEM 教育发展大会的召开、中国教育科学院 STEM 教育研究中心的成立以及 2018 年第二届中国 STEM 教育发展大会的顺利召开，促使越来越多的人加入 STEM 教育行列。第二，各地区都在积极探索 STEAM 教育的推进方式，深圳、江苏、成都等地均出台了政策文件，开展 STEAM 教育项目或开设 STEAM 教育课程。第三，全国各地 STEAM 教育机构正在逐步地发展。社会上涌现出了很多有影响的 STEAM 教育机构和组织，如上海 STEAM 云中心、中国 STEAM 教育协作联盟等。第四，基于问题的教学方法、基于项目的教学方法、基于真实环境的教学方法等 STEAM 教育常用的教学方法在一些学校开始实践与推广。第五，一些比较优秀的 K12 学校和高校合作，落地了一批 STEAM 主题实验室。第六，2017 年教育部颁布的新《义务教育小学科学课程标准》被认为是“首次定义了中国版的 STEM”，而教育部发布的《中国 STEM 教育白皮书》与《STEM 教师能力等级标准》，则是从国家层面对 STEAM 教育给予了重要支持和保障。

通过对高频关键词的共现分析、因子分析、聚类分析等，发现我国 STEAM 教育研究的热点主题是 STEAM 教育相关理论、STEAM 教育研究方法运用、STEAM 教育学校变革、STEAM 教育课程连贯性、STEAM 教育代表性不足的群体等。未来的 STEAM 教育研究将聚焦课程整合一体化、学校伙伴化、对象低龄化和评价多面化。STEAM 自提出以来，一直以科学思维能力的培养、问题解决能力的提升、创造性思维能力的培养为主要目标，国内各界对其的理解也越来越趋同化，但如何培养、怎么培养的 STEAM 模式仍有多种可能性。

三、STEAM 教育特点

（一）融合教育

在谈及 STEAM 教育的基本特点时，"交叉""整合""跨学科"等关联术语经常出现，这也是其与传统单一学科教育中的局限性和相对封闭性等特点的本质性区别之体现。在"S""T""E""A""M"中，科学、数学在于认识世界，解释自然界的客观规律，技术和工程则是在认识世界自然规律的基础上改造世界，艺术可以激发人们的想象，最终目的是解决社会发展中遇到的难题，满足人们的情感、需求和愿望。尽管人们习惯于把科学、技术、工程、艺术、数学当作不同的学科，但实质上他们是紧密相连的。STEAM 不着重于某个学科，而是关注真实情境中的某个特定问题，强调跨越学科界限，运用科学、技术、工程、艺术以及数学多学科知识经验去解决问题，打破了各学科中对知识学习割裂的壁垒，将各学科内在联结为一股动态的合力帮助学习者解决问题。在 STEAM 教育中，基于问题和项目的教学模式通常将学习者置于工程问题的情境下，在这个过程中，学生需要将各个学科碎片化的知识进行统整运用，形成有机的、融合的、相互联系的整体以此来达到解决问题的目的，而不仅仅依靠某一个学科就能实现问题的解决，从而实现各学科间的深入整合。

（二）聚焦真实问题情境

追溯 STS—STEM—STEAM 教育的发展脉络可知，它们都受到各个时代背景下复杂的社会需求的推动而产生。STEAM 教育以解决现实生活中存在的问题为主要任务，因此，基于问题（Problem-Based Learning）的学习模式或基于项目（Project-Based Learning）的学习模式是开展 STEAM 教育教学活动最主要的方式。基于问题或项目的教学模式通常将学习者置于科学、工程类问题的情境下，通过任务活动激发学生兴趣与学习动机，帮助学生在基于项目或问题的学习中通过科学探究、技术操作、工程设计、艺术体现、数学运用等方式参与到解决问题与创新实践的活动过程中，完成作品，实现问题解决能力与创造力的发展。这是一个不断迭代的过程，区别于科学探究对世界进行可测试的解释和预测，工程设计则通常用于制定问题的解决方案。基于这样的需求，工程设计流程在 STEAM 教育教学活动中起到了关键的作用，得到了大力提倡和应用。

（三）协作与开放

以“情境、协作、对话、意义建构”为四大核心要素的建构主义学习理论与“做中学”理论是 STEAM 教育的主要理论基础。它们都强调以学习者为中心，重视学生在协作学习中通过亲身体验、动手操作，积极主动地去创造、设计，合作解决问题，实现新概念、新技能的建构与学习。在此理论基础上，STEAM 教育十分重视以学习者协作学习的方式进行开放式的探索活动。

STEAM 教育的目标在于能够培养创新型人才，创新能力与问题解决能力的培养是其最终目标。小组协作的学习方式不仅能够帮助个人突破思维定式，实现思想的碰撞，为工程设计的推进和验证其解决方案实施过程中的可行性提供开放式探究的空间，还可以激发学生的兴趣与热情，培养学生的创新能力和协作交流能力。

在工程设计的过程中，开放式的探索过程使学习者不追求解决方案的唯一性和标准化，这种答案的非“静态性”要求学习者以独特的、开放性的、打破常规思维的“动态性”视角看待问题并解决问题，甚至迁移到活动过程中的各个层面，如技术工具的选择、材料的选择与组合使用、问题解决中的独特思考等等，这有效地支持了 STEAM 教育培养学习者的创新能力。

当然，除了上述提到的主要特点，STEAM 教育还具有趣味性、体验性、艺术性、实证性、技术增强性等其他特点。另外，科学在于认识世界、解释自然界的客观规律；技术和工程则是在尊重自然规律的基础上改造世界，实现对自然界的控制和利用，解决社会发展过程中遇到的难题。按照科学规律开展设计实践是科学、数学、技术与工程整合的重要途径。

第二节　STEAM 教育模式

一、STEAM 教育的层次

祝智庭认为，STEAM 教育可以分为四个层次，分别是资讯型科普教育、嵌入式课程、项目型课程和整合型学科。这四个层次从学科与技术发展的不同整合程度去探讨，还具有技术整合度和内容整合度的不同。其中项目型课程模式是学者们探讨最多，也是中小学及幼儿园等各类教育机构运用得最多的 STEAM 教育模式。

（一）资讯型科普教育

资讯型科普教育以泛科普资源为主，主要通过媒体传播科技资讯。2011 年的一项调查显示，中国具备基本科学素养的公民比例为 3.27%。其中，中国公民获得科技信息的主要渠道是电视、报纸、与人交谈等。2016 年 4 月 18 日，科技部发布的《中国公民科学素质基准》（适用范围为 18 周岁以上、具有行为能力的中国公民）制定了 26 条基准、132 个基准点，基本涵盖公民需要具有的科学精神、掌握或了解的知识、具备的能力，每条基准下列出了相应的基准点，对基准进行了解释和说明。《中国公民科学素质基准》要求在全社会大力弘扬科学精神、普及科学知识，提高全民科技意识和科学素养。2021 年 6 月，国务院发布了《全民科学素质行动规划纲要（2021—2035 年）》（以下简称《科学素质纲要》），指出科学素质是国民素质的重要组成部分，是社会文明进步的基础。公民具备科学素质是指崇尚科学精神，树立科学思想，掌握基本科学方法，了解必要科技知识，并具有运用其分析判断事物和解决实际问题的能力。提升科学素质，对于公民树立科学的世界观和方法论，对于增强国家自主创新能力和文化软实力、全面建设社会主义现代化强国，具有十分重要的意义。其中提出现阶段我国科学素质建设存在的问题有科学素质总体水平偏低，城乡、区域发展不平衡；科学精神弘扬不够，科学理性的社会氛围不够浓厚；科普有效供给不足、基层基础薄弱；落实“科学普及与科技创新同等重要”的制度安排尚未形成，组织领导、条件保障等有待加强。《科学素质纲要》计划在“十四五”时期实施5项重点工程，包括科技资源科普化工程、科普信息化提升工程、科普基础设施工程、基层科普能力提升工程、科学素质国际交流合作工程。其中第一项就是科技资源科普化工程，即建立完善科技资源科普化机制，其对公民增强获取和运用科技知识的能力，改善生活质量，实现全面发展，对于国家提升自主创新能力，实现经济社会全面协调可持续发展，有着十分重要的意义。

（二）嵌入式课程

嵌入式课程是以知识型课程为基础，嵌入学习项目、问题，嵌入技术工具，即在现有分科形式的知识型课程形态基础之上，设计符合教学目标的学习项目/问题，使用合适的技术工具，完成基本的教学任务，并培养学生的跨学科思维、问题解决能力、工程设计思维、数学和科学素养等STEM技能。在嵌入式课程中，教师从传统的授导型教学逐步过渡到以问题化学习和项目学习为主要组织形式的研创性学习，采用模拟式、探究式、辩论式、创作式和案例式等教学形式。适合嵌入式课程层次的教学模式有翻转课堂2.0、创客教育等，这些教学模式和策略更强调知识学习基础上的体验学习，具有自主导航（对应他主导航）、体验与实践（对应内容授递）等特点。翻转课堂是指重新调整课堂内外的时间，将学习的决定权从教师转移给学生。在这种教学模式下，学生能够更专注于主动的基于项目的学习，共同研究解决本地化或全球化的挑战以及其他现实世界面临的问题，从而获得更深层次的对知识的理解。教师不再占用课堂的时间来讲授信息，这些信息需要学生在课后的任何时间通过观看讲座、听播客、阅读功能增强的电子书或者在网络上与别的同学进行讨论等方式自主完成学习，从而使得教师有更多的时间与每个学生交流。我国学者认为“翻转课堂”是与“生成课程”理念相呼应的对学生学习过程的一种重构，普遍认为翻转课堂包含课前自主学习与课中协作学习两大核心部分。

创客教育自出现以来，便引起教育领域研究者广泛关注。2014 年地平线报告基础教育版中，出现了创客空间，并被选为未来五年内影响基础教育的 12 项关键技术之一。目前，广大教育研究者对创客教育的概念定义各有不一，归纳起来大致为以下几种：第一种，将创客教育定义为一系列综合课程，这种课程可以是一种技能训练，也可以是开放性创新性实践课程，目的是培养中小学生的创新能力，弥补传统教育方式的缺陷。另外一些人认为创客教育是一种创客活动，是指学生在创客空间中自己动手制作产品，将自己的创意实现的一种学习活动，在活动过程中，同伴之间互相合作交流，分享自己的成果。还有研究者认为创客教育是培养创客的过程，认为其根本目的就是培养学生的想象力和创造力。创客教育由于其鲜明的创新特色，被认为是未来教育改革创新的新路径。

（三）项目型课程

工程技术设计思维是该类课程的核心支柱。项目设计过程包括定义问题、设计方案、构建模型、测试模型、反思和再设计等环节。项目型课程让学生亲身体验运用项目设计思维解决实际问题的整个流程。STEAM 教育聚焦于“设计思维”的发展，需要解决如何发现问题、如何集思广益、如何设计方案、如何快速成型、如何评估修订、如何演进发展等关键问题。为了达到创造目的，在工程技术领域，解决问题是满足现实需求，而发现问题则是创造的潜在需求，发现创造性的问题是灵感、创意、机遇共同作用的结果。近年来引起普遍关注的创客教育是项目式课程的典型代表，具有教师引领、专家参与、任务情境性、学习过程体验性、系统知识藏于项目、个体参与小组协作等特征。

（四）整合型学科

整合型学科是 STEAM 得以充分发展的重要目标和愿景。整合型 STEAM 学科是将 STEAM 教育作为一个专门的学科进行规划和设计，有完整的学科建设思路、课程标准和教学目标、系列教材、实践案例、明确的职业发展路径等教学生态和社会环境支持。该层次是专门为 STEAM 教育而研究设计的成熟发展形态，能够更好地实现培养具有数学知识、科学素养、工程设计能力和技术应用能力等核心素养人才的目标。整合型 STEAM 教育的核心特征为：跨学科、趣味性、体验性、情境性、协作性、设计性、艺术性、实证性和技术增强性等。

二、STEAM 教育的主要实施模式

（一）APPB 法

APPB 教学法是基于活动的学习（Activity- Based Learning，ABL）、基于问题的学习（Problem-Based Learning，PBL）、基于项目的学习（Project-Based Learning，PBL）三种有着相似学习特征的范式的总和，它们是 STEAM 教育的主要范式，其中以 PBL 法最为常见。基于项目的学习把学习者置于某一项目任务情境中，让学习者自己去分析问题，在解决问题的过程中建构对多学科知识的深度理解。该方法要求学习者利用相关的学科知识，与同伴合作、沟通，提出测试解决方案，着力促进学习者创新能力的发展。

（二）5E 教学法和 6E 教学法

这两种教学法是在项目学习的具体实施过程中，更加微观的 STEM 实施范式。5E 教学法包括的环节有参与（Engage）、探索（Explore）、解释（Explain）、延伸（Extend）、评价（Evaluate）。6E 教学模式是基于 5E 教学模式改进而来的，由美国国际技术与工程教育协会（ITEEA）提出，包含了参与（Engage）、探索（Explore）、解释（Explain）、工程思维（Engineer）、改进（Enrich）和评价（Evaluate）六个环节。6E 教学模式更注重工程设计思维的培养和实现，整合了科学探究和工程设计，使学生能够从科学探究与工程设计实践中获取知识与技能，更具有 STEAM 教育活动整合性的特点。“工程”作为 STEAM 教学中的组成部分之一，在 6E 教学模式中，其地位愈加凸显。一般来说，工程设计包含七个步骤：识别问题和制约因素、调查研究、形成概念、分析观点、建立模型、测试和优化、沟通和反思。在这个过程中，涉及多个领域的知识与技能。在 STEAM 教学中，其多个学科的整合性必然对多个领域知识与技能提出要求，因此融合了

科学探究、以工程设计为核心的6E教学模式能够为STEAM教学程序的展开与实施提供理论支持与指导，保障STEAM教育模式的科学实用性。

（三）4C学习模式

皮亚杰认为儿童认知发展是通过认知结构的不断建构和转化而实现的，即儿童在主动探索外部世界的过程中，通过同化将探索的新知识融入原有的认知结构，并通过不断改变原有的认知结构，形成新的认知结构的过程。4C学习模式正是建立在这一理念基础上，其核心环节包括联系（connect）、建构（construct）、反思（contemplate）、拓展（continue）。

①联系：由教师将学生已有的知识、兴趣与课程、知识点相联系，提供一个开放性的挑战或任务，学生尝试探索解决方案，引导他们将已有知识经验与新体验之间建立联系。

②建构：引导学生通过动手操作，在真实世界中完成模型建构来探索问题解决方案。

③反思：学生需要思考在建构环节学到了什么，并互相分享，通过生生、师生间的对话与探讨，反思解决方案，并作出调整和优化。

④拓展：能将在挑战中学到的知识和技能运用到新的任务和挑战中。

第三节　STEAM教育空间

一、STEAM教育网络平台

（一）STEAM教育网络平台类型

我国现有的STEAM教育相关平台主要包括四大类：

1. 基于STEAM教育的青少年编程在线网站

比较常见的有网易卡搭、编程猫等以培养未来创作者为代表的青少年学习编程在线网站，它们主要基于Scratch的编程开发，非常适用于中小学生及编程开发爱好者。在这些平台中，参与者对他人的作品可以点赞评论、创造改编，便于互相交流学习。平台还会定期推出主题活动，资深玩家也可以组织主题活动，并不断更新主题活动，以保证平台可以持续吸引玩家进行编程创作和资源分享。再如《极客战记》是由网易教育产品部联合美国一家编程公司相关专家打造的一款学习编程的角色扮演游戏，用户在其中扮演一个英雄，并通过输入代码控制角色，游戏过程主要为编程挑战，挑战成功将解锁下一关卡并获得经验点，提升英雄能力。中国少儿编程网也是主要教授青少年编程的网站，内容包括 Scratch、Scratch 视频教程、LOGO、ROBOLAB、Python、Java、Kodu、ScratchJr 等。主页面主要呈现的是与各种编程语言相关的最新资讯、知识点讲解、图文教程、视频展示等。该网络具备多种编程语言学习的环境和资源且学习形式多样，但同时也存在各板块内容更新较慢，数量较少，无法持续吸引青少年参与编程学习；网页中内容看似丰富，但放置凌乱，缺乏良好系统性等问题。

2. 大型 STEAM 教育平台

上海 STEM 云中心，是借助上海市科协专业协会、学会、研究会的支持，依托华东师范大学及国内外高校、科技企业的资源，通过社会化合作和运行模式共同打造而成的全国首个 STEM 教育平台。云中心提供的 STEM 教育服务，旨在培养学生综合运用知识进行创新实践的能力，锻炼学生运用科学的方法解决实际问题的能力。STEM 云中心提供 STEM 云平台（STEMcloud.cn）、STEM 课程研发、STEM 课程授课、STEM 素质综合测评系统、课题研究检索查询系统、实验室预约管理系统、STEM 出国培训等一系列 STEM 教育资源与服务，旨在为中国提供最全面、最专业的 STEM 教育服务。再如行知教育——中国 STEM 教育协作联盟，是普及、推广 STEM 教育的公益组织，致力于帮助学校发展课程、支持教师提升能力、资助学生特长发展、促进成员间交流合作，推动建立适宜 STEM 教育发展的社会协同机制。此平台现阶段依赖于学校和企业线下合作开展 STEM 教育活动，线上可供访问者了解的内容多为资讯，实际参与性较低。

3. 基于手机端的 STEAM 教育平台

STEAM 创客是一款分享 STEAM 教育资讯、组织发布 STEAM 教育活动的手机 APP，在这个平台可以浏览 STEAM 相关资讯和 STEAM 课程，参与一些 STEAM 教育活动并完成任务打卡，更加深入地了解和学习 STEAM 教育。但是，该平台目前仍然存在着交互形式单一、学习者反馈方式待改进等情况。

4. 基于微信公众平台的 STEAM 教育平台

STEAM 世界是一个提供 STEAM 教育相关资讯的微信公众平台，包括 STEAM 教育理念、相关机构组织、示范学校、名师课堂的介绍等。这一类型的平台优势在于快速、便捷的传播途径，但存在单向知识传授，缺乏互动、反馈功能的问题。

（二）STEAM 教育现有网络平台特点

随着近年来国家的重视，STEAM 教育正在兴起，各类平台也起到了很好的推广作用：

（1）能够促进 STEAM 教育的推广普及。普及推广和公益服务类平台，致力于帮助学校发展课程、支持教师提升能力、资助学生特长发展、促进成员间交流合作，推动建立适宜 STEAM 教育发展的社会协同机制。

（2）能够吸引儿童参与。与 STEAM 中“技术”相关的儿童编程类网站为儿童创设了一个自由探索和创作的空间，定期推出主题活动，加上创作推荐榜和主题素材的不断更新，持续吸引儿童进行编程创作和资源分享。

（3）快速便捷。手机端 STEAM 教育平台，帮助儿童快速便捷地参与 STEAM 教育活动，更加深入地了解和学习 STEAM 教育。

但由于没有专门的服务与监管机构，STEAM 平台也存在一些问题，具体体现在：

（1）STEAM 资源种类较为单一。现有 STEAM 教育平台提供的资源多为新闻资讯类资源，仅限于科普 STEAM 教育的理念宗旨、STEAM 教育的会议资讯，以及学校或教育机构开展 STEAM 教育的情况等，所提供的 STEAM 教育课程和 STEAM 教育活动相对较少，儿童未能真正地了解和参与 STEAM 教育活动。

（2）对 STEAM 核心理念有时把握不当。现有 STEAM 教育平台提供的活动或课程多存在非真正意义上的 STEAM 教育的问题。部分 STEAM 教育平台仅针对 STEAM 教育的某一个层面，例如儿童学习编程的在线网站，针对的只是 STEAM 教育的技术层面。部分微信公众号平台提供的 STEAM 课程资源多是基于科学教育层面的，甚至直接将小学科学课程纳入其中，与 STEAM 教育综合运用跨学科知识解决实际问题的理念相违背。

（3）缺乏一定的 STEAM 教育输出途径，缺乏供学习者互动、反馈、呈现和输出的空间。STEAM 教育的最终目的是运用跨学科知识解决实际问题，仅单向提供资源难以获取学生学习的反馈情况，从而无法对平台资源和功能等进行调整；此外，学生缺乏互动交流与合作的机会，无法通过互相学习与交流得到快速提升。

二、STEAM 教育的物理空间

（一）学习场所

教学环境是开展教学活动的必要客观条件。STEAM 教育的开展必须要创造一定的教学环境。在教室的结构设计上要满足学生能够在科学的学习过程中实现更多的参与和自主；此外，STEAM 教育的跨学科性质还强调学习环境的开放性、情境性与交互性。王晶莹认为，师生互动、生生互动和知识相关是 STEAM 课堂学习环境模型的中介变量，是课堂学习环境的核心问题。崔宁、刘淑青从幼儿园整体的角度出发，认为幼儿园应创设专门的 STEAM 教学教室，根据不同的 STEAM 主题活动展现相关的教学设备和材料；同时从幼儿园活动室的角度出发，认为将 STEAM 教育融入各个区角和幼儿的一日常规活动，可以使活动室的科学角、种植角等都成为 STEAM 教育的场所。

（二）学习工具

学习工具主要是指在 STEAM 活动中，通过搜集与活动内容主题相关的教学资料、教学课件等工具来突出活动目标和活动内容，为学生的自主探究与想象活动提供辅助支持。如在幼儿园开展的 STEAM 活动中，学习工具的准备包括材料选择表、设计图页、作品评价表等。另外，在每个活动情境中设置导入环节，如通过“故事线”的方式设置了手偶“吉米”的人物角色，旨在诱发儿童的亲社会心理，进而激发幼儿创造性地解决“吉米”遇到的问题。

（三）学习资源

学习资源主要从材料的投入与选择来进行考虑。STEAM 活动强调儿童对具体问题的体验探究和亲身实践，在材料的选择中，应选用贴近生活，且经济环保、开放性的材料，材料的结构化程度应当与活动目标相适应。此外，在材料投放的过程中，要注重层次性。在材料的选择与投放中，要从材料选择的开放性、生活化，材料的结构化程度出发，对活动中的材料从主材和装饰性辅助材料两方面进行选择与投放。例如，在“瞧，不一样的高塔”活动中，除了儿童常见的装饰性材料外，还选择了硬纸板、KT 板、纸盘、乒乓球、泡沫球、牛奶瓶、瓶盖等多种类多样化的材料作为主要架构的材料。这些材料是儿童生活中比较常见的材料，对他们的性能有一定的了解与认知。另外，在结构化方面，倾向于低结构材料。低结构材料较高的开放性能够给儿童提供更大的想象空间，不会因为材料的特征就出现每组创作的作品千篇一律的情况。这对儿童的创造活动有着隐性的影响，直接关系到活动目标中创造性思维的实现。

三、STEAM 的教师支持

在 STEAM 教育实践中，除了内涵、特点、模式之外，研究者们也普遍发现从事 STEAM 教育的教师素养、STEAM 学习空间的建立与创设、SETAM 教育的开展条件、STEAM 教育的评价等也极大地影响了 STEAM 教育的开展效果。STEAM 教育要求教师具备广泛的知识、跨学科教学的能力。近年来，STEAM 教师的专业发展受到重视，各国纷纷通过政策、教师培训项目等举措，支持 STEAM 教师的培养。2013 年由美国国家科技委员会（National Science and Technology Council，NSTC）和美国 STEAM 教育委员会（The Committee on Science，Technology，Engineering，and Math

Education，CoSTEAM）发布的《美国STEAM教育五年战略计划》（*STEAM Education 5-Year Strategic Plan*），澳大利亚2015年12月由联邦及各州和地区教育部长们签署的《STEAM学校教育国家战略2016—2026》（*NationalSTEAMSchool Education Strategy* 2016—2026）以及2011年出台的《全国教师专业标准》（*National Professional Standards for Teachers*）均是为支持STEAM教育的发展而出台的政策。除了STEAM教师发展相关政策和标准外，美国还在实践层面开展了众多STEAM教师培养项。中国教育科学研究院STEM教育研究中心在2018年5月发布了《STEM教师能力等级标准（试行）》，希望通过STEM教师能力的持续提升来促进中国STEM教育的发展。还有英国、马来西亚、韩国等国进行的教师专业发展项目，对教师的教学能力、STEAM专业知识等方面都进行了要求和提升。